寻找村上春树的东京

番小茄 著

翻来覆去地读过很多遍之后，我下定决心，要亲自去看看村上春树笔下的东京。

海南出版社
HAINAN PUBLISHING HOUSE

图书在版编目（CIP）数据
寻找村上春树的东京 / 番小茄著 . -- 海口：海南出版社，2017.6
ISBN 978-7-5443-7230-5
Ⅰ．①寻… Ⅱ．①番… Ⅲ．①旅游指南 – 东京Ⅳ．①K931.39
中国版本图书馆 CIP 数据核字 (2017) 第 115999 号

寻找村上春树的东京

作　　者：番小茄
监　　制：冉子健
策划编辑：三　童　冉子健
责任编辑：孙　芳
责任印制：杨　程
印刷装订：三河市祥达印刷包装有限公司
读者服务：蔡爱霞　郄亚楠
出版发行：海南出版社
总社地址：海口市金盘开发区建设三横路 2 号　　邮编：570216
北京地址：北京市朝阳区红军营南路 15 号瑞普大厦 C 座 1802 室
电　　话：0898-66830929　　010-64828814-602
投稿邮箱：hnbook@263.net
经　　销：全国新华书店经销
出版日期：2017 年 6 月第 1 版　2017 年 6 月第 1 次印刷
开　　本：889mm*1194mm　1/32
印　　张：8
字　　数：169 千
书　　号：ISBN　978-7-5443-7230-5
定　　价：42.80 元

序

第一次去东京的旅人会去哪些地方？

皇居，浅草寺，明治神宫，晴空塔……这大概是所有旅游攻略给出的千篇一律的答案。那是旅行指南中的东京。

而在村上春树的小说里，还存在着另外一个东京。这个东京则是由在小说中出现的地名构筑起来的。

银座是《奇鸟行状录》中“我”和笠原 May 一起打工的地方；

在涩谷街头，与《国境以南　太阳以西》中岛本极度相似的女人拖着一条跛腿蹒跚走过；

原宿有一条能够遇见百分之百女孩的小巷；

坐中央线电车去神保町，说不定会在途中遇见直子，然后开始沿着《挪威的森林》中的路线，在东京漫无目的的散步；

……

尽管我从未到过东京，然而在村上的小说里，那些地方已经无数次地以另一种形式出现在我的脑海之中。

在将这些书翻来覆去地读过很多遍之后，我便下定决心，一定要亲自去看看村上春树的东京。

目录
Contents

《挪威的森林》

东京坐标：

目白·和敬塾·早稻田大学·四谷车站·神保町书店街·神保町食堂·都电荒川线·大塚·新宿·歌舞伎一番町·上野车站·日本桥高岛屋·吉祥寺

很久很久以前

很久很久以前——其实也不过大约20年前，我住在一所学生寄宿院里。那时我18岁，刚上大学。对东京还一无所知，独自生活也是初次。父母放心不下，在这里给我找了间宿舍。这里一来管饭，二来生活设施也一应俱全。于是父母觉得即使一个不通世故的18岁少年，也可在此生活下去。当然也有费用方面的考虑。同一般单身生活开支相比，学生宿舍要便宜得多。因为，只要有了被褥和台灯，便无须添置什么。就我本人来说，本打算租间公寓，一个人落得逍遥自在。但想到私立大学的入学费以及每月的生活费，也就不好意思开口了。

20年前的确可以算很久以前了。对于渡边来说如此，对于我们每一个人来说也是如此。

《挪威的森林》一书中所说的20年前，其实是更为久远的1968年。然而书中所描写的渡边的大学生活，却让我产生了一种奇特的亲切感。每次重读村上写的这段寄宿生活，都能唤起我对大学时光的回忆。

如同渡边每次回想起直子的面容所需要的时间越来越长一样，我也在一步一步远离自己的青春时光。也许正因如此，我反而更容易被书中渡边的故事打动。每次重读《挪威的森林》，都将我带回往日的校园时光。

虽然是第一次来到东京，我却怀着追寻回忆的心情，踏上了去往这间学生宿舍的路。

位于东京目白区的“和敬塾”就是这一宿舍的原型。令人兴奋的是，现在不仅保存完好，还继续作为学生宿舍在使用。

《村上朝日堂》的《搬家杂记》中写道：“我上大学是在一九六八年，最先住的是位于目白的学生寮——现在也还在椿山庄的旁边，路过目白时不妨瞥上一眼。”于是我专程前往目白，就是想看看这个留下了渡边和村上君青春印记的地方。

穿过都电荒川线早稻田站所在的十字路口向北，经过神田川的河岸，就进入一片十分宁静的住宅区。目白地处高田马场和池袋两大繁华商区中间，氛围却截然不同，是闹市中难得一见的僻静街巷。我跟着写有“目白运动公园”的指示牌向前，走上一段坡道。

这里更为宁静，绿苔藓在坡道两侧的石墙上蔓延，墙头上露出日式住宅古朴的黑色屋檐，潮湿的地上落叶散布。遥想1968年，村上君就从这段坡路上跑下去，到早稻田附近大喝日本酒；喝得烂醉如泥之后，被人用标语牌架起来沿着这段坡路抬回宿舍。“有一次标语牌在目白坡路上断裂开来，脑袋狠狠摔在石阶上，痛了两三天。”村上君如是说。

我怎么也无法想象看起来一脸严肃的村上君被摔在石阶上的情景，整日迷迷糊糊的渡边倒是相当有可能。

坡道终点有一座四层的白色建筑，对面就是目白运动公园的球场。那栋建筑一看就知道是学生宿舍楼，从窗外能看到窗口挂着统一的灰白色窗帘。简单而没有什么装饰的宿舍，看起来倒也不像书中描写的那样肮脏得令人难以忍受。莫非这也是二十世纪六十年代已经过去的证明？当然也有可能这只是表象。世上的人都晓得，大学的男生宿舍不可能干干净净。

不管怎么说，站在写着“和敬塾”的寄宿院大门前，都难以想象这里曾经住着一群整日要求废除学校的20岁大学男生。召开集会、和警察对着干、发表慷慨激昂的演说要求将老师赶下台……周围的世界纷繁复杂、变化多端，唯有渡边一个人在某间宿舍里默默地读着菲茨杰拉德。那是很久很久以前的六十年代。

寄宿院建在东京都内风景不错的高地上，占地很大，四周围有高高的混凝土墙。进得大门，迎面矗立一棵巨大的榉树。听说树

《挪威的森林》一书中渡边的宿舍。
这是以村上曾经住过的和敬塾为原型的。

和敬塾外的坡道安静无人。

五十年前，烂醉如泥的村上君被用标语牌抬回宿舍的途中，从断裂的标语牌上摔下，脑袋撞到了此处的石阶。

龄至少有150年。站在树下抬头仰望，只见天空被绿叶遮掩得密密实实。

一条水泥甬道绕着这棵树迂回转过，然后再次呈直线穿过中庭。中庭两侧平行坐落着两栋三层高的钢筋混凝土楼房。这是开有玻璃窗口的大型建筑，给人以似乎是由公寓改造成的监狱或由监狱改造成的公寓的印象。但绝无不洁之感，也不觉得阴暗。大敞四开的窗口传出收音机的声音。每个窗口的窗帘一律是奶黄色，属于最耐晒的颜色。

沿甬道径直前行，正面便是双层主楼。一楼是食堂和大浴池，二楼是礼堂和几个会议室。另外不知何用，居然还有贵宾室。主楼旁边便是三栋宿舍楼，同是三层。院子很大，绿色草坪的正中有个喷水龙头，旋转不止，反射着阳光。主楼后面是棒球和足球两用的运动场和六个网球场，应有尽有。

学校门口的大树看不出有150年的树龄，天空倒确实被绿叶遮得密密实实，整个寄宿院都在浓密的绿色植物掩映下。周末的下午，学生大概都出门玩乐去了，院落里十分安静。一个戴着帽子的男生从树荫下走来，几乎能听见他孤零零的脚步声。

穿过浓荫遮蔽的主干道，主楼和宿舍楼便出现在眼前。一切几乎和书中所写一模一样。这让我感到一丝莫名的激动。不过，这宿舍楼看起来只是普普通通的大学宿舍楼，丝毫无法让人将其和监狱联系在一起。宿舍楼前面的一块空地上，没有旗帜的旗杆孤零零地矗立着。

“升旗的中野学校！”我几乎叫出声来。

寄宿院内的一天是从庄严的升旗仪式开始的，当然也播放国歌。如同体育新闻中离不开进行曲一样，升国旗也少不得放国歌。升旗台在院子正中，从任何一栋寄宿楼的窗口都可看见。

渡边在刚住进寄宿院的时候，还出于好奇特意在6点钟爬起来观看这种爱国仪式，当然很快就放弃了，过上了正常大学生的晚睡晚起的生活。只有他的室友“敢死队”还坚持与潮流对抗，每天一早准时起床做广播体操。渡边也只能看看降旗仪式了。

傍晚降旗，其仪式也大同小异，只是顺序与早上相反，旗一溜烟滑下，收进桐木箱中即可。晚间国旗却是不随风翻卷的。

彼时尚未到傍晚，旗杆上同样空空如也。如今恐怕已经不再有升降旗的仪式了。即便旗杆还在，四层的宿舍楼还在，后面的棒球足球两用运动场也在，但不可能再有那样的升旗仪式了。毕竟，那是很久很久以前的六十年代的事了。

在《挪威的森林》及村上本人的经历中，六十年代都是一个极为重要的标志。尽管对于所谓的“斗争”丝毫不感兴趣，甚至对于周围那些口是心非、沽名钓誉的学生不屑一顾，渡边和村上君仍然在这个

三个男生从和敬塾宿舍楼下走过。白色衬衫，黑色书包，一百五十年树龄的大树，仿佛能将时光带回六十年代。

走在和敬塾后门外的巷子里，有着许多这样古朴的日式庭院。

时代获得了最宝贵的自由时光。社会的注意力被那些天天在学校里喊着口号、散发传单的激进分子所吸引，渡边这种早已看透名利把戏的年轻人，大可以随心所欲地做点自己喜欢的事情。这中间固然有迷惘，有不愿与其同流合污的挣扎和坚持。如同在乌烟瘴气的和敬塾中间，还存在着渡边那间被其室友“敢死队”打扫得干干净净，连一张裸女画都没有的宿舍。

无论打工、喝酒、读书或是听唱片，甚至深夜从断裂的标语牌上摔下来，不得不接受警察的盘问……再怎么样我行我素都没有关系，反正人人都迷茫，人人都不知道六十年代过去之后，世界将变成怎样。然而六十年代到底还是结束了，沽名钓誉的家伙们重新回到大学，照样就职，世界如同什么都没发生过一样运转如常。

五十多年后的今天，和敬塾早已看不出曾经有过“斗争”的痕迹。除了和书中描写几乎别无二致的宿舍楼，就只有静静的树木和不再悬挂旗帜的旗杆。

目白・和敬塾旅行 Tips

和敬塾虽然位于目白，距离 JR 山手线的目白站还有一段距离。最好乘坐都电荒川线到早稻田站下车，步行大约十分钟可达。

和敬塾附近还有不少古迹和纪念馆：关口芭蕉庵，细川侯爵宅邸永青文库，以及讲谈社野间纪念馆。

我绕过主楼，后面是空无一人的棒球足球两用的运动场。运动场的地面还是黑色的泥土地，带着雨后潮湿而新鲜的气息。我一个人在这气息中静静地站了一会儿，等着它将我的记忆带回我的大学时光，带回那个同样有着潮湿气息的南方城市。

我从寄宿院的后门离开和敬塾，沿着山坡上的石阶走下去。四周的氛围宁静而古老，仿佛能够看到渡边在不远处不紧不慢地独自散步。

每个人无不显得很幸福

从目白的坡道上下来，穿过都电荒川线所在的十字路口，就是早稻田大学了。

住在和敬塾的渡边和村上君，每天只要步行十分钟就能去学校上课。只不过两人都没有常常去学校罢了。

村上君为何选择就读早稻田大学戏剧系无从得知，渡边的理由倒是十分简单。

“你、你学什么？”他问。

“戏剧。”我答说。

“戏剧？就是演戏？”

“不不，那不是的。是学习和研究戏剧。例如拉辛啦易卜生啦莎士比亚啦。”

他说，除了莎士比亚外都没听说过。其实我也半斤八两，只记得课程介绍上这样写的。

“不管怎么说，你是喜欢的喽？”

“也不是特别喜欢。”我说。

我这回答使他困惑起来。一困惑，口吃便更厉害了。我觉得自己好像做了件十分对不起人的事。

“学什么都无所谓，对我来说。”我解释道，“民族学也罢，东洋史也罢，什么都行。连看中这戏剧，也纯属偶然，如此而已。”这番解释，自然还是没能使他理解。

渡边恐怕从一开始就是抱着无所谓的态度选择大学和专业的。主要目的无非是离开家乡神户，远离高中好友木月的死，在东京开始新的生活。至于偶然看中的是历史系还是戏剧系，对他来说，也并没有什么分别。

不过，渡边到底为何能随随便便就考进早稻田大学，实在令人费解。

要知道早稻田大学可是日本私立大学中的王牌，以政治系和法律系闻名，日本政界很多人都毕业于早稻田大学。想象中的早稻田应该是个日本上流社会年轻人汇集的地方，就读于戏剧系的渡边和村上君只是这座森严学校中的少数异类罢了。

但这座知名的大学并没有我想象中的那么严肃，它连大门都没有。

早稻田大学的标志性建筑大隈讲堂就坐落在“早大通”十字路口的一角，对面就是早稻田大学的校园。虽然明知道这就是早稻田大学，但我还是由于没有看到一个正式地写着“早稻田大学”的校门而十分诧异。

大隈讲堂是昭和二年（1927年）建造的，无论是钟楼的白色尖顶，还是墙上的路灯、铁门上的花纹，都是彻头彻尾的西式建筑，如果说是教堂，恐怕也不会有人怀疑。讲堂前的台阶上三三两两地坐着几个学生，其中也有外国留学生的身影，打扮和通常的日本年轻人没有什么区别。可以说不仅仅是建筑，整个学校都带着强烈的西式风格。如果将台阶上坐的学生换成金发碧眼的西方人，几乎可以被认为是任何一所美国的常春藤大学。早稻田大学的创始人大隈重信是明治维新时期推动日本效仿西方建立近代工业的重要政治人物，若他看到今天仍然如此西化的早稻田大学，应该会为自己的成就感到欣慰。

校园里很安静，银杏和松树浓密的绿荫使得校园里的建筑看起来很有年代感。尽管是周六，法学院一层类似自习室或咖啡厅的地方仍然聚集着许多学生，坐在一起看书或者是热烈地讨论着什么。真不愧是法学院啊。无论是六十年代指挥学生运动，还是现在步入政坛引领国家的，恐怕都是这些来自于法学院或政治学院

早稻田大学的图书馆。如果能进去的话，说不定会遇到独自埋头读书的渡边。

的上流社会精英，而不是在戏剧系里有一搭无一搭地学习欧里庇得斯和埃斯库罗斯的渡边和村上君。虽然在渡边眼中，由这些人所引导的学生运动注定要落得失败的结果。

暑假期间，校方请求机动队出动。机动队捣毁壁垒，逮捕了里边所有的学生。当时，这种事在哪一所大学都概莫能外，并非什么独家奇闻。大学根本没有肢解。投入大量资本的大学不可能因为学生闹事就毁于一旦。况且把校园用壁垒封锁起来的一伙人也并非真心想要解散大学，他们只是想改变大学机构的主导权。对我来说，主导权改变与否完全无关痛痒，因此，学潮被镇压以后也毫无感慨。

我本来盼望校园9月份一举报废才好，不料到校一看，居然完好无缺。图书馆的书没被掠夺，教授室未遭破坏，学生会的办公楼未被烧毁。我不禁为之愕然：那帮家伙到底干什么来着！

托他们的福，早稻田大学没有一举报废。法学院的学生依然在古老石墙构筑的教学楼里勤奋学习。六十年代的学生运动在如今的早稻田大学里已经看不见一丝一毫的痕迹。

反而是戏剧系的教学楼像是土崩瓦解了一般不见踪影。我对着校园里的地图和指示牌看了好久，依然遍寻不着戏剧系的教学楼。最后只好在坪内戏剧博物馆前面和一只老实的三花猫玩了一会儿。

早稻田大学并不大，也没有明确的围墙，图书馆就坐落在与校

早稻田大学标志性的大隈纪念讲堂。

黄旭 FOTOE

如果没有这块标牌和日本学生，很容易被误以为是美国常春藤联盟的校园。

早稻田大学校园里绿树成荫，氛围安静而自在。

建筑风格独特的坪内戏剧博物馆。是以曾在早稻田大学任教的著名日本戏剧家坪内逍遥的名字命名的。

园一街之隔的地方。图书馆的建筑风格同样是西式的，带着尖尖的钟楼，只不过样式更倾向于简约的现代风格。我在图书馆外面的长椅上坐了一会，从图书馆走出来的学生和老师都坐在这里埋头吃面包或便当。四周十分安静，只有紧盯着地上面包屑的麻雀们发出叽叽喳喳的叫声。

身处这样的环境之中，不免有一种强烈的感觉：这是一个与纷繁社会相隔绝的地方。尽管早稻田大学已然是一座没有围墙也没有校门的学校，仍然能强烈地感觉到这里的气氛与别处迥然不同。

第二天上“戏剧史Ⅱ”，课堂上没见到绿子。上完课，我走进学生食堂，要了一份既凉又味道不好的便餐。吃完便坐在阳光下打量周围动静。就在我身旁，两个女生站着聊个没完没了。一个像抱婴儿似的怀抱网球拍，生怕掉在地上似的；另一个拿着几本书和雷那德·巴斯蒂的唱片集。两人都长得如花似玉，谈得津津有味。俱乐部活动室那边传来谁在练习低音提琴音阶的声响。到处都是三五成群的学生，他们随便抓来什么话题各抒己见，连笑带骂。停车场里有伙人在溜旱冰，一个怀抱公文包的教授绕开他们从场上穿过。院子当中，一个头戴安全帽的女生趴也似的弯腰在地面上书写美帝侵略亚洲如何如何的标语牌。一如往日的校园午休光景。然而在相隔许久后重新观望这光景的时间里，我蓦然注意到一个事实：每个人无不显得很幸福。至于他们是真的幸福还是仅仅表面看上去如此，就无从得知了。但无论如何，在9月间这个令人心神荡漾的下午，每个人看来都自得其乐。而我则因此而感到平时所没有过的孤寂，觉得惟独我自己与这光景格格不入。

我久久地坐在那里观望校园景致和来来往往的男女，以此消磨时间。我也想到说不定碰巧能见到绿子，但这天她终归没有出现。午休结束后，我进图书馆预习德语。

来到东京的渡边依然因为木月的死而彷徨迷茫。对他来说，早稻田也好，不是早稻田也好，大学不过是可有可无的场所。他隐约觉得唯有直子能在某种程度上理解他，没想到直子也突然消失在他的生活之中，令他陷入了深深的孤独。普通大学生的日常校园生活对他而言都是遥不可及的幸福，唯有钻进图书馆一个劲地读书。

如果你也来到早稻田，不妨也在学校里安安静静地坐上一会儿，说不定会遇见在图书馆里默默查找资料的渡边呢。

早稻田大学旅行 Tips

到达早稻田大学的交通方式有许多种。乘坐 JR 山手线到高田马场站，地铁东西线到早稻田站或者都电荒川线到早稻田站。东西线的早稻田站距离位于早大通的大隈讲堂大概有五分钟步行距离，都电荒川线的早稻田站则靠近早稻田大学的图书馆一侧。建议试试从和敬塾一路走到早稻田，可以体会渡边和村上君的大学生活。

那时未能相遇，也会在别处相遇

我和直子在四谷站下了电车，沿铁路边上的土堰往市谷方向走去。这是5月中旬一个周日的午后。早上“噼里啪啦”时停时下的雨，上午就已完全止息了。低垂的阴沉沉的雨云，也似乎被南来风一扫而光似得无影无踪，鲜绿鲜绿的樱树叶随风摇曳，在阳光下闪闪烁烁。太阳光线已透出初夏的气息。擦肩而过的人都脱去毛衣和外套，有的搭在肩头，有的挽在臂上。在周日午后温暖阳光的爱抚下，每个人看上去都显得分外开心。土堰对面的网球场上，小伙子脱去衬衫，穿一条短裤挥舞球拍。只有并坐在长凳上的两个修女，依旧循规蹈矩地身着黑色冬令制服。仿佛惟独她们四周没有阳光降临，但两人还是一副心满意足的神态，享受着晒太阳聊天的乐趣。

走了15分钟，背上渗出汗来。我于是脱去棉布衬衣，只穿圆领半袖衫。她把浅灰色的运动衫的袖口挽到臂肘上。看上去洗过好多遍了，颜色褪得恰到好处。很久以前我也似乎见她穿过同样的衬衫，但记不确切，只是觉得而已。关于直子的事，当时记得确实不多。

我在东京市中心的散步，就围绕着四谷站展开。

一个周六的早晨，我从新宿站坐 JR 山手线，在代代木站转中央线往神保町去。

我喜欢 JR 多过喜欢地铁，除了票价便宜、转乘方便之外，更重要的是能够看到东京这座城市的风景。虽然铁路两旁的风景多半是住宅楼顶的广告牌，以及在密密麻麻的房屋中间延伸出去的铁道，然而东京本来就是由那些普通的景色所构成的。如东京这样的城市，有趣之处并不在所谓“游客必到景点”，而在那些通常被忽略的东京人的日常。

JR 四谷车站位于首都高速路的下方，是一座半地下的车站。铁路延伸到前方的隧道里，两边的砖墙上探出一些绿色的爬山虎和芒草，是可以令人忽然忘记自己身处繁华城市之中的所在。

渡边就是在这里再次遇见直子的。

距离两人上次碰面已经过去了一年之久。维系他们之间友谊的木月已经在17岁时死去。两人为了逃避木月的死，各自离开家远赴东京，在死的迷雾中跌跌撞撞地送走了18岁。在如此年轻的两个人眼中，世界已然在短短的时间中发生了天翻地覆的改变。

这样的两个人相遇在四谷车站，在列车即将进入黑暗隧道之前跳下车，走上地面，开始了在东京的散步。

我们也不是有什么目的才来这里的。在中央线电车里，我和直子偶然相遇。她准备一个人去看电影，我正要去神田逛书店。双方都没什么要紧事。直子说声下车吧，我们就下了车，那站就是四谷站。当然，只剩下两人后，我们也没有任何想要畅谈的话题。至于直子为什么说下车，我全然不明白。话题一开始就无从谈起。

四谷车站。
渡边和直子在往神保町方向去的中央线电车上宿命般地重逢。两人从这里下车，走上地面，开始一段长达10公里的散步。

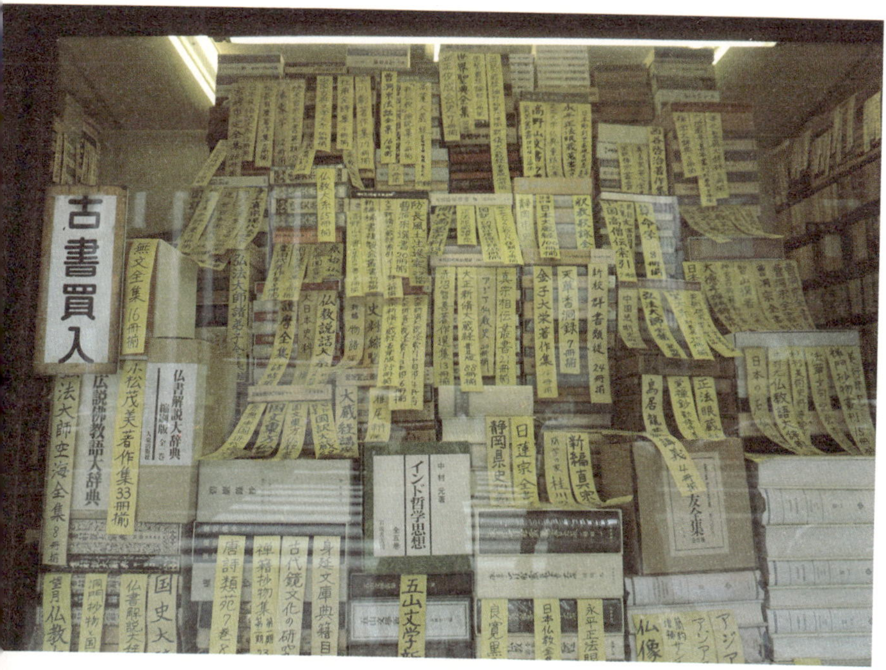

神保町。

神保町古书街书店里码放整齐的古书及古书名目，令人叹为观止。

出得车站，她也没说去哪里就快步走起来。无奈，我便追赶似地尾随其后。直子和我之间，大致保持1米左右的距离，若想缩短，自然可以缩短，但我总觉得有点难为情。因此我一直跟在离直子1米远的身后，边走边打量着她的背影和乌黑的头发。她戴一个大大的茶色发卡，侧脸时，可以看见白皙而小巧的耳朵。直子不时地回头搭话。我有时应对自如，有时就不知如何回答，也有时听不清她说了什么。但对直子来说，我听见也好、没听见也好似乎都无所谓。她说完自己想说的，便继续向前走。也罢也罢，反正天气不错，散散步也好。我决定由她去了。

可是，就散步来说，直子那步伐又有点过于郑重其事了。到了饭田桥，她向右一拐，来到御堀端，之后穿过神保町十字路口，登上御茶水坡路，随即进入本乡。又沿着都营电车线路往驹込走去。路程真长得可以。到得驹込，太阳已经落了，一个柔和温馨的春日黄昏。

直子与渡边的这段散步路线接近10公里，全部走完当然要从午后走到黄昏。直子在懵懵懂懂间不停思考着什么，并没有意识到自己走了多远。而渡边又被直子所吸引，心甘情愿地跟在后头，即便无话可说也不觉得时间漫长。换句话说，无论是体力、心情还是可以随意浪费的时间，若想将这一段路线走上一遍，绝对是年轻时才能办到的事情。

我从四谷站坐中央线继续前进，经过市谷和饭田桥，在水道桥站下车，从这里开始步行到神田的神保町书店街。

水道桥和饭田桥是位于神田川上的两座桥。虽然叫做神田川，倒不如说是一道窄窄的水渠，水色浓绿。我穿过水道桥，沿着三崎町朝神保町的方向走过去。周末上午的街上还很空旷，路面依然湿润，昨天一直噼里啪啦、下个没完没了的雨，直到今早才停。路两旁的银杏树叶青绿青绿的，带着梅雨季节里特有的浓郁。空中的云还没有散开，微凉的风努力吹动厚厚的云层，既不晒又凉爽，真是适合散步的天气。

神保町接近皇居和秋叶原，可以说十分靠近市中心，然而路边的店铺看起来十分平民化。这些店铺之间隔三差五便有一两间小小的旧书店。店门口摆着装满二手书的大纸箱，里面每一本都只要100日元。仔细看看，竟然有许多是昭和，甚至是大正年代的图书。除了纸页有些发黄，保存都十分完好。大多数书店老板都是看上去年纪不小的阿伯，一个人在店里忙前忙后。他们头发花白，穿着运动鞋、带着棒球帽，将一箱书拖到店门口时稍显吃力。想必店内的书架也是花了不少力气整理的，书本全部码放得整整齐齐，一直堆到天花板也不显得凌乱。一些不方便翻阅的古书，书页中间还会附上一张写着书名的纸条方便查阅。

对我来说，这一切都新奇有趣。虽然看不懂日文，依然这里翻翻，那里看看。书店老板也不像一般日本店主一样会热情地打招呼，只从厚厚的镜片后面不动声色地打量一下而已。在一堆旧书店中也不乏经营新书的小书店。其中一间以猫为主题，收集了各种各样与猫有关的图书和明信片之类，相当吸引人。然而新书的价格确实令人难以下手，相比之下，一两百日元一本的旧书实在是太诱人了。

走到能看到“集英社”醒目招牌的十字路口，便到了神保町古书街。在此汇集了大名鼎鼎的玉英堂、东阳堂、明伦堂等专门售卖古书的书店。这里的古书可谓是真正意义上的古书，上至宋元的古书都可以在书架上找到。当然价格也十分惊人，我也只能权当是参观博物馆。大书店的店员十分友好客气，明知我是游客，依然笑脸相迎，还主动送了我神保町书店街的地图。相比之下，小书店那些个性十足的老板们恐怕并非仅仅为了卖书赚钱，倒更像是在经营自己的个人爱好罢了。

后巷里另有一排规模稍逊一筹的中型书店，主要售卖各种特色书籍。譬如东方书店就主营中文书，三楼的一侧有好几个书架的中文旧书，在国内也难得一见，价格也还算便宜。等我提着装满旧书的袋子从书店出来，已经是一个小时之后的事情了。好在隔壁就有咖啡店可以坐下来休息，而且咖啡便宜好喝，只要三百日元一杯。

这样的性价比简直是令人感动。即便是囊中羞涩的学生，也可以在神保町的散步途中走进店里坐下喝杯咖啡。

我们一如上次那样在街上走，随便进一间店里喝咖啡，然后再走，傍晚吃罢饭，道声再见分手。她依旧只有片言只语。看上去本人也并不觉得这样有什么不妥，我便也没有特别搜肠刮肚。兴致上来时，说一下各自的生活和大学的情况，但都说得支离破碎，没什么连贯性。我们绝口不提过去，只是一个劲儿地在街上走。所幸东京城市大，怎么走也不至于走遍。

我们差不多每周见面，就这样没完没了地走。她在前边，我离开一点跟在后头。直子有各种各样的发卡，总是露出右侧的耳朵。由于我看的尽是她背部，这点现在仍记得一清二楚。直子害羞时往往摸一下发卡，然后掏手帕抹抹嘴角。用手帕抹嘴是她想要说什么事的习惯动作。如此看得多了，我开始逐渐对直子产生一丝好感。

我仅仅走了渡边和直子所走路程的一小部分，便觉得疲劳不堪。渡边愿意没完没了地和直子在东京的街头走下去，除了年轻，恐怕主要还是由于直子对他而言具有某种必然的吸引力。尽管是为了告别过去的人生才各自选择来到东京，然而两人并没有立刻找到适合自己的生活，都孤零零地在东京街头游荡，直到在四谷车站宿命般地重逢。少了木月的存在，两个人之间总是无话可说，但两人都觉得这样也没有什么不好。可见在努力摒弃外部世界的直子心里，渡边是与众不同的存在。

起初读这本书的时候，我并不能理解渡边为什么从一开始就深深地爱着直子。直子话不多，性格也不像绿子那样直爽明朗，甚至可以说个性有点模糊。后来才明白那正是村上君的高明之处。由于直子的全部心神都耗费在自己封闭的内心世界里，哪怕是简单的词句，也要斟酌再三才能出口。在外人看来，她当然是内向腼腆，甚至有点迷糊的样子。那正是没有人能够理解的直子的痛苦。

以渡边的性格来说，即便他无法真正体会这种痛苦，他所做的也无非是顺其自然地将其接受。这造就了渡边性格中吸引人的部分。

不过，我同直子的关系也并非毫无进展。直子一点一点地依顺了我，我也依顺了直子。暑假结束，新学期一开始，直子便十分自然地、水到渠成地走在我身旁。我想这大概是她将我作为一个朋友予以承认的表示，再说和她这样美丽的姑娘并肩而行，也并非令人不快之事。我们两人漫无目标地在东京街头走来转去。上坡，过河，穿铁道口，只管走个没完。没有明确的目的地，反正走路即可。仿佛举行一种拯救灵魂的宗教仪式般地，我们专心致志地大走特走。下雨就撑伞走。

至于那段时间里我们说了怎样的话，我已经记不完整。大概也没说什么正正经经的话。我仍旧避免谈及过去的一切。木月这一姓氏几乎没从我们口中道出过。我们仍像以往那样寡言少语，那时早已习惯两人在咖啡店默默对坐了。

没有语言交流而又不至于觉得尴尬或无聊的两个人，一定是彼此心意相通的。

因为共同经历了木月的死，两人在对方心中都占据了一个特殊的位置。即便不开口说话，渡边和直子对于彼此的处境也心知肚明。他们无法开口提及木月，或者说他们无须提及木月。这是渡边和直子之间的默契。可以说两人势必要相遇，为了不令彼此在东京这一巨大的城市里迷失，落入不知道在哪里的深井。

直子从衣袋里掏出左手握住我的手。“不要紧的，你。对你、我十分放心。即使黑天半夜你在这一带兜圈子转不出来，也绝不可能掉井里。而且只要紧贴着你，我也不至于掉进去。”

“绝对？”

“绝对！”

“怎么知道？”

“知道，我就是知道。”直子仍然抓住我的手说。如此默默地走了一会。“这方面，我的感觉灵验得很。也没什么道理，凭的全是感觉。比如说，现在我这么紧靠着你，就一点儿都不害怕。就是再黑心肠的，再讨人厌的东西也不会把我拉去。”

两人就这样靠着在东京街头漫无目的的散步，默默进行着不需要言语的灵魂拯救仪式。

说起来，东京确实有许多适合散步的去处。既有新宿和涩谷那样人来人往的热闹之所，也有寂静如皇居和赤坂一带可以一个人独处的去处。比如从明治纪念馆开始，沿着赤坂离宫的外墙向东，便是一条很好的散步道。人行道并不宽阔，然而极少有人，偶尔有跑步者经过。道路一侧种着高大的梧桐，另一侧是赤坂离宫的石墙、

神保町。从水道桥去往神保町的路上。渡边看着直子的背影无声地向前走。

通往四谷车站的散步道，右手边的围墙内就是赤坂离宫。

神保町书店街的规模之大超出我的想象，从十字路口就能远远望见各大书店的招牌。

竹篱和从庭院中伸出的森然的松柏。路上很少看见车辆，有车驶过时车轮摩擦地面的沙沙声都听得十分清楚。偶尔有两个散步的人经过，说话也似乎不由自主地压低了声音，生怕打破了这份宁静。大概更好的做法是沉默无言地散步，如渡边和直子那样。

很难想象在靠近热闹的原宿和青山一带，竟然有如此适合安静散步的地方。这条路一直走到尽头，便是四谷车站了。当发现散步的终点竟然是再一次回到四谷车站时，我几乎能够感受到渡边再次经过四谷车站时的心情了。

通过四谷站前的时候，我蓦地想起我同直子漫无边际行走的光景。如此说来，一切都是从同一场所开始的。我不由想，倘若那个5月里的星期日不在电车中碰巧遇到直子的话，或许我的人生与现在大为不同。但又马上推翻了这一想法，觉得即使那时不遇上直子，恐怕也不至出现第二种结果。说不定那时我们是为相遇而相遇的。纵令那时未能相遇，也会在别的地方相遇——倒没什么根据，但我总是有这种感觉。

四谷车站·神保町书店街旅行 Tips

经过四谷站的除了 JR 中央线（中央总武线）之外还有地铁丸之内线和南北线。不过毕竟渡边和直子是在中央线电车上相遇的，有机会的话还是建议坐一次中央线。如果直接去神保町的话也可以坐地铁半藏门线（或都营三田线及新宿线）直达神保町站。

这种想法使得渡边更加坚定了对直子的情感，无法放弃直子也不应该放弃直子的念头从此深深地埋藏在渡边心中。

从四谷车站的电梯下至站台，抬头从半开放的站台望出去，能看见傍晚时分渐渐垂落的宝蓝色天空。那个时刻，我深信，四谷车站确实是为了这一相遇而准备的场所。

一切都由同一个场所开始

在 JR 水道桥站去往神保町的路上，有一间藏身巷弄里的卖天妇罗的小店。

东京街头有成千上万家类似的这种店铺。地方不大，窗明几净，店里通常只有两个人在忙碌，大多只卖一种食物，譬如荞麦面，又或者是咖喱饭。这种小店在日文中称为“食堂”。其中专卖天妇罗的“食堂”少说也得有好几百家。为什么会专程去探访这一家呢?

据说村上君还是学生的时候，曾经在这家天妇罗店打工，并在此结识了自己的太太阳子。

不用问，现实中的村上太太就是绿子的人物原型。

于是渡边也在一家这样的“食堂”里遇见了绿子，便是顺理成章的事情了。

周一10点，有“戏剧史Ⅱ”课，讲欧里庇得斯，11点半结束。课后，我去距大学步行需10分钟处的一家小饭店，吃了煎蛋和色拉。这家饭店偏离繁华街道，价格也比以学生为对象的小食店贵一些，但安静清雅，而且煎蛋非常可口。店里干活的是一对沉默寡言的夫妇和三个打零工的女孩儿。我找个靠窗的位置坐下，一个人吃着饭。这工夫，进来一伙学生，四个人，两男两女，都打扮得干净利落。他们围着门口处的一张桌子坐定，打量着菜谱，七嘴八舌商量了半天，才由一个人归纳好，告诉给打零工的女孩儿。

这时间里，我发现一个女孩儿不时地往我这边瞥一眼。她头发短得出格，戴一副深色太阳镜，身上是白布迷你连衣裙。因为对她的脸庞没有印象，我便只管闷头吃饭。不料过不一会儿，她竟轻盈地起身，朝我走来，并且一只手拄着桌角直呼我的名字：

“你是渡边君，没认错吧？”

由于靠近学校，神保町附近的店家都颇受学生欢迎。距离这家天妇罗店不远的地方有一间烤肉“放题”（自助），因为价格便宜，还不到11点钟门口就大排长龙。排队的人自然都是一副学生打扮。相隔不远的这间天妇罗店尚未到营业时间，店里只有两个人在忙着做开店的准备。其中一个上了年纪的应该是老板，另一个则一看便是来打工的学生。两人都穿着和《寿司之神》里的寿司师傅一模一样的日式白色厨师制服，头戴方形的白色帽子，很有“职人”味道。店里只有围绕着操作台的一圈座位，大概是为了方便食客

村上年轻时打工的天妇罗店。

店里依然有一位和当年的村上年龄相仿的学生打工者。

看得见四谷中学红色砖墙的街心公园。

能第一时间吃到新鲜出炉的天妇罗。年轻的学生手脚麻利地擦着桌子，老板不时和他说些什么，他便一一点头照做。等一切都收拾得差不多了，老板便走出来，在窗户外面架上一根竹竿，上面挂着用日文写着店名的三块白布。即便是这个简单的工作，老板也要在挂上之后退后几步，仔细确认布帘没有挂歪。那大概就是日本所谓的“职人精神”吧。

店外巷弄里的紫阳花开得正盛，蓝色的花朵与白色的布帘相映，给人夏日的清爽之感。就像短头发的绿子一样。

我仔细审视她的脸，她摘下太阳镜。我这才总算认出：是在“戏剧史Ⅱ”班上见过的一年级女孩儿。只是发型风云突变，无法辨认了。

“可你，直到放暑假前头发还到这地方吧？”我比量着肩部往下大约10厘米的位置。

“嗯。夏天烫发来着。可是烫得一塌糊涂，惨不忍睹，真的。气得我真想一死了之。简直太不像话！活活像一具头上缠着裙带菜的淹死鬼。可又一想，与其死了还不如索性来个和尚头。凉快倒是凉快，喏。”说着，用手心悉悉索索地抚摸着四五厘米长的短发。

世界上敢于将头发剪得只有四五厘米长的女孩不少，但是对并不算太熟悉的同学直言相告的女孩大概少之又少。连我都觉得绿子的性格十分吸引人。

“我是喜欢你现在这样。”我说，而且并非说谎。长头发时的她，在我的印象中无非是个普普通通的可爱女孩儿。可现在坐在我面前的她，全身迸发出无限活力和蓬勃生机，简直就像刚刚迎着春光蹦跳到世界上来的一头小鹿。眸子宛如独立的生命体那样快活地转动不已，或笑或怒，或惊讶或泄气。我有好久没有目睹如此生动丰富的表情了，不禁出神地在她脸上注视了许久。

绿子这样好看活泼又特立独行的女孩，自然一下子就抓住了渡边君的心。

在直子离开之后，渡边的生活陷入了无尽的孤独。学校里那些慷慨激昂、宣布罢课的人，在他眼中不过是些不遗余力地构筑卑劣社会的卑劣小人。因此谁也不跟他说话，他也不向任何人开口。就连唯一可以称得上正常人的室友“敢死队”也在送给了他一只萤火虫之后，无声无息地从他的生活之中消失了。

好在此时，绿子及时出现了。

绿子不仅个性活泼生动，同样对学校里发表罢课演说的人不屑一顾，和渡边一起逃离了乌烟瘴气的课堂。

离开学校之后，绿子将渡边带到了她在四谷车站附近的高中。

我和小林绿子两人坐在公园凳子上，望着她就读过的高中校园。校舍墙上爬满常春藤，房脊有几只鸽子落脚歇息，是一座古色古香的旧式建筑。院里耸立一株高大的橡树，一缕白烟从旁边

四谷车站前的四谷中学。
绿子所说的大烟囱不见踪影。

从街心公园可以眺望赤坂离宫的庭院和宫殿。

笔直腾起。残夏的阳光使得那烟格外掺有一种灰蒙蒙的色调。

“渡边君，你知道那是什么烟？”绿子突然问。

我说不知道。

“是烧卫生巾呢！”

“呃。”我应了一声，此外便不知说什么好了。

四谷车站对面的确有一所四谷中学，旁边赤坂离宫迎宾馆的前方也确实有一座街心公园。我在公园长椅上坐下，望着街对面的四谷中学。在枝繁叶茂的树木掩映之下，学校的红色砖墙清晰可见。

公园非常小，除了一个被六根石柱包围的喷泉之外什么都没有。傍晚的风吹过哗啦啦的流水，给空气中增添了几分凉意。学校前面的空地上有一座红色的秋千，不过没有玩耍的孩童，学校里也静悄悄的。

四下望望，学校的烟囱不知去向。也许是拆掉了。现在这个年代应该不需要烧卫生巾了吧？我默默地想。不过话说回来，除了在《挪威的森林》里，从来也没听说过要烧那种东西啊。大概那根无缘无故冒出来的烟囱是村上小说里常见的非现实性的存在吧。这种一本正经的荒诞之感正是村上小说的有趣之处。

在这非现实性的时间和空间里，绿子向渡边讲述了自己悲惨的高中生活。两人渐渐觉得心意相通，便定下了周日在绿子家的约会。

我觉得这也未尝不是一种宿命的相遇。

如果不是在四谷车站，如果不是看到四谷高中非现实性的烟囱，绿子恐怕不会那么容易就对刚认识的渡边倾吐自己的心声，两人也不会因为这样坦率的交谈而拉近了彼此的距离。

如此说来，果真一切都是从同一个场所开始的啊。

神保町食堂・四谷车站旅行 Tips

神保町食堂的正式名字叫做天妇罗いもや，招牌的天妇罗定食附赠味噌汤只要700日元，在东京算是非常实惠的价格。从 JR 中央线水道桥站步行大约需要5分钟。

地址：千代田区神田神保町2-16　　营业时间：11:00-20:00

四谷车站对面的街心花园紧邻赤坂离宫的围墙，可以眺望离宫庭院的景色。赤坂离宫是仿照凡尔赛宫再加入日本元素修建的行宫，然而因为太过奢华未曾有人居住，后来被作为招待外宾的场所，因此也称做东京迎宾馆。不定时会开放参观庭院和宫殿内部，但是需要提前预约。

我们早已决定对周围的事来个不屑一顾

星期天早上，我9点钟爬起身，刮了胡子，洗完衣服晾到楼顶天台。外面晴空万里，一派初秋气息。一群红脑袋蜻蜓在院子里团团飞舞，附近的顽童们挑着网兜往来追逐。无风，太阳旗颓然下垂。我穿上一件熨得有棱有角的衬衣，出门往都营电车站走去。星期天的学生街空荡荡得不见人影，如同人都死得一干二净一般。店也几乎一律关门大吉。城市里各种各样的音响于是比平日更为真切地扩散开来。脚蹬高跟木履的女郎拖着“呱哒呱哒”的足音穿过沥青路面，四五个小孩在都营电车库旁边排开几只空罐，瞄准往里投石子。花店倒有一家开了门，我买了几枝水仙花。秋季买水仙，是有些不合时令，但我从小就喜欢这种花。

我沿着同样的路线，从和敬塾出门，走下目白的石阶，穿过江户川，往都电荒川线的车站走去。路边果真有一家开门营业的花店，不过此时不是秋季，也没有水仙花。

目白和早稻田大学之间的早稻田站是都电荒川线的起点。都电荒川线是明治时代就建成的路面轨道交通，现在也是东京唯一保留下来的一条路面电车。常有电车迷专程来此乘车拍照，体验浓浓的怀旧气息。

荒川线的车库位于道路中央，铁轨从车库里随着道路延伸开去。站台很小，想来电车也不会很大。果然开过来的是只有一节

目白住宅区里的花店。
此时是梅雨季节，没有水仙花。

荒川线电车。
乘客大多是老年人，如果拿着水仙花上车，说不定有老婆婆对你微笑。

东京唯一保留下来的路面电车。
铁轨在马路上的车辆和行人间蜿蜒向前。

车厢的小型电车，好像加长版的公交车。小巧的橙色电车叮叮当当地沿着轨道缓缓驶来的时候，还真有那么一点旧时代的气息扑面而来。

星期六傍晚的荒川线电车并没有想象中那么多人，我坐在前面靠近驾驶室的位置。我头一次坐路面电车，无论坐在电车里看着旁边驶过的汽车，还是电车停下来等红绿灯时前面走过的行人，对我而言都可算是新奇的体验。我十分好奇地举着相机对着车窗外和驾驶室前方的风景拍了又拍。并没有人对我的行为有任何表示，大家恐怕看惯了专程来体验荒川线的电车迷吧。

村上君对于都电荒川线的描写极富人情味：

星期天早上的电车里，只有三位坐在一起的老太婆。我一上车，老太婆们就对着我的脸和我手中的水仙横看竖看。其中一位看罢我的脸还慈祥地一笑，我也报以笑容，然后坐在最后边的位置，观望外面几乎擦窗而过的一排排古旧房屋。电车紧贴着家家户户的房檐穿行。一户人家的晾衣台上一字排开十盆盆栽西红柿，一只大黑猫蹲在一头晒太阳。在院子里吹肥皂泡的小孩闪入眼帘，石田亚由美的歌声不知从何处传来耳畔。甚至有咖喱气味飘至鼻端。电车像根缝衣针一样在密密麻麻的住宅地带婉蜒前行。途中有几个人上来。三位老太婆亲密无间地头对着头，不厌其烦地谈着什么。

独来独往的渡边会对电车上的老太婆报以微笑，实在有点难以想象。大概荒川线自带一种庶民的亲切感。车窗外的风景倒不全是别人家的房檐，从鬼子母神前站开始，绿色的灌木丛，甚至盛开的紫阳花都一一在近旁闪过。车一进站就叮叮当当地响，上来的多是有些年纪的老人。若看到有人匆匆忙忙跑过来赶车，车长也会耐心地等到他上车为止。过了池袋站，乘客开始多起来，车窗外的风景也重新变成了都市的广告牌。

我在大塚站前站下了电车，按地图中所示，沿一条不甚起眼的大街一路走去。两侧排列的商店，哪一家都不像是红红火火的兴旺景象。全部是旧建筑，里边黑洞洞的。有的连招牌上的字都消失殆尽。从建筑物的古旧程度和样式来看，不难判断这一带未曾在战争中遭受空袭，所以这些民房才得以原样保留下来。当然也有的重建过，也有的或增建或修修补补，但这些房子大多反倒显得比旧貌依然的房子还要脏乱。

看这光景，估计很多人都已因为车多、空气污染、噪音干扰、房租昂贵而迁往郊外。剩下来的或是廉价的公寓、公司宿舍，或是搬迁上有困难的商店，或是死活舍不得离开世居之地的顽固派。由于汽车大排废气，所有的东西都像笼了一层薄雾似的灰蒙蒙脏乎乎。

大塚站附近早已不是当年凋敝破败的模样。从车站出来，大型的百货商店以及连锁餐饮店沿街排开。尽管远不及新宿涩谷那样热闹，也算是颇具规模的商业区。

姑且被我命名为『小林音像店』的店铺。
二楼的阳台上少了绿子的身影。

虽然明知世事变迁，绝不可能按照书中的描写找到绿子的家，我还是饶有兴味地决定按照渡边走过的路线走下去看看。我在地图上找到电车站附近唯一一个加油站，方位和距离竟然都和书中的描写相差无几。于是我全然将其当做同一个加油站，沿着大街向前，在加油站右拐，竟然还真有一条小型的商业街出现在眼前。街口不远处有一间售卖 CD 和 DVD 的普通音像店，活脱脱就是小林书店的模样。

在这条街上走了大约10分钟，从加油站往右一拐，出现一条小型商店街，当中一块招牌上写着“小林书店”。店固然不大，但也不似我从绿子话中想象出来得那般小气。一条普通街道上的一家普通书屋。站在小林书店门前时，我不由产生了一种似曾相识的亲切之情：哪条街上都有这样的书店。

书店的卷闸门一落到底，门上写着“《周刊文春》每周四出售”。到12点大约还有15分钟，我又不大愿意手拿水仙花在商业街上闲逛，便按一下门旁的电铃，退后两三步等候回音。过了15秒还是没有动静。我正寻思是不是该再按一次的当儿，头上“哐”地响起开窗声音。扬脸一看，绿子从窗口探出头，挥着手大声喊道：

“打开卷闸门进来呀！”

这家店招牌上的名字并不显眼，店家只将橙色“CD&DVD”字样的霓虹灯挂在招牌正中央。店门口贴满了大幅的歌手海报，确实是上个世纪的作风。再抬头看看唱片店的二楼，竟然还真有一个宽大的阳台。于是这间不知道名字的音像店正式被我命名为“小林音像店”。

放眼望去，不仅仅是这间音像店，整条商业街都洋溢着一种古旧却令人亲切的氛围。房子都有些年头了，电线如同蜘蛛网一般从街的一侧直接拉到另一侧，来自不同电线杆的电线在空中交错。临街的店铺五花八门，什么事务所啦，小旅店啦，居酒屋啦，肉铺啦，统统不加区分地混在一起，居酒屋的楼上有可能就是某某株式会社。路过的行人大多都是附近的居民，穿着随意的老年人在街上慢慢踱着步子。这条看起来普普通通的街道，在道路两侧白色花蕾形状的街灯亮起的傍晚时分，竟然有种颇为温馨的氛围。

哪怕没有那间带阳台的复古唱片店，这里也像极了会有从二楼探出头来的活泼少女生活的地方。绿子的家一定就在这里啊。

作为主人公之一的绿子其实直到小说的第四章才出现。从她出现开始，小说的色彩明显区分为有绿子在的部分和没有绿子在的部分。绿子在的时候，故事的情节总是会向着多少有些荒诞的方向发展。这种荒诞可以说是独特的村上式幽默感。比如两个人周日在绿子家约会，渡边带来了水仙花，绿子做了美味的关西风味菜肴。故事本该朝着更加浪漫的方向推进，可是绿子偏偏谈起了三个月只能穿一件胸罩的糗事，以及为了死去的母亲而抛弃绿子姐妹独自去了乌拉圭的父亲（当然父亲没去什么乌拉圭，在医院的病床上躺着哪儿也去不了），最后两个人还一起去晾衣台上观看火灾。

大塚的商店街。看起来确实像是失火过很多次，可千万别再失火了。

绿子跑去下面，拿上来两张坐垫、四瓶啤酒和吉他。于是两人眼望团团涌起的黑烟喝起啤酒来。我问绿子如此做法是否会招致左邻右舍的白眼。因为我觉得：面对附近失火的场景在阳台上饮酒唱歌委实算不得正当行为。

“没事儿，管它！我们早已决定对周围的事来个不屑一顾！”

她唱起以往流行过的民歌。歌也好，吉他也好，都实在不敢恭维，但本人却是满脸自我陶醉的神情。她唱了《柠檬树》《草莓恋曲》《五百英里》《花落何处》《快划哟米歇尔》，一首接一首唱下去。起始，绿子教了我低音部分，准备两人合唱，可惜我的嗓音实在南腔北调，只好忍痛作罢，由她一个人尽情尽兴地引吭高歌。我口呷啤酒，耳闻歌乐，眼观火势，而且专心致志。眼见浓烟骤然腾空，旋即不大不小，周而复始。人们或狂喊乱叫或发号施令。报社的直升飞机自天外飞来，震天价地吼个不止。取完镜头便掉头就跑，但愿别连我俩的行径也拍进去。警察的大音量扩音机对着幸灾乐祸的围观者大吼大叫，命令他们再往后退。小孩没好声地哭爹叫娘，玻璃“劈啪”乱响。俄而，风头开始倒转，白灰状物朝我们四周翩然飞来。然而绿子兀自吱吱有声地喝着啤酒，自鸣得意地大唱其歌。会唱的一股脑儿全部唱罢，又唱起了自己填词作曲的莫名其妙的歌。

在周日午后由于火灾而兵荒马乱的商店街，也只有绿子能如此悠然自得。尽管大火就在距离自家只有三四栋房子的地方熊熊燃烧，绿子也能若无其事地在阳台上喝酒唱歌。归根结底恐怕是因为绿子什么也没有，无需担心可能会失去任何东西。母亲早已去世，父亲又躺在病床上等着她和姐姐没日没夜地照顾，买不起煎蛋锅，没有得到过百分百的爱……这样的绿子依然能够投入地讲述着为即将死去的父亲创作的爱情故事。

可以说，绿子是在“死”的边缘冷静地审视着“死”本身。那远远不是用性格乐观、活泼开朗这样简单的描述就能够形容的，那是绿子身上独特的魅力。渡边想必也被这种魅力所吸引，只不过自己尚在不知不觉之中。

若说直子和渡边因为共同拥有木月的死而自然而然地接受了彼此，那么绿子同样拥有与死亡面对面相处的经验。大概也因为这个缘故，渡边的心也在慢慢地向绿子靠近。绿子以自己独有的方式，温暖了渡边冷冰冰的心。只不过从表面上看起来，他们两人的吻又是以一种奇特而荒诞的方式发生的。

那是一个温柔而安然的吻，一个不知其归宿的吻。假如我们不在午后的阳光中坐在晾衣台上喝着啤酒观看火灾的话，那天我恐怕不至于吻绿子，而这一心情恐怕绿子也是相同的。我们从晾衣台上久久地观看着光闪闪的房脊、烟和红脑袋蜻蜓，心情不由变得温煦、亲密起来，而在无意中想以某种形式将其存留下来，于是我们接了吻，就是这种类型的吻。当然，正像所有接吻那样，我们的接吻也不是说不包含某种危险。

可惜我无法走上晾衣台观看商业街令人心生暧昧的屋顶。街边霓虹灯闪烁着温暖的光，让傍晚即将升起的夜色也带上了几分温柔的色彩。那也是我想要以某种形式将其留存下来的时刻。

都电荒川线·大塚站旅行 Tips

都电荒川线作为东京唯一的路面电车，本身也很值得乘坐。荒川线在早稻田到三之轮桥之间运行，所经过的大多是东京的庶民区。大塚附近没有特别的景点，如果没有计划专程前往，利用都电荒川线专门的一日票（400日元当日内无限次乘坐）来一趟下町之旅也不错。鬼子母神前站的鬼子母神社，庚申塚站有“老婆婆的原宿”之称的巢鸭商店街，王子站的飞鸟山公园，荒川游园地前的荒川河岸和游乐场……可以领略与新宿涩谷等繁华商业区不同的东京下町都市风情。JR 山手线也经过大塚站。

在周围充满可能性的时候

新宿被奉为赴东京旅行的必经之地，成田机场的大型海报就直截了当地写道：如果您在东京只有几小时，那么请将之用在新宿。新宿不仅仅是东京最繁华的商业区，乃至在整个日本，都无出其右者。倘若你想体会电影《迷失东京》里那种被铺天盖地的广告招牌和霓虹灯搞得头晕目眩的感觉，来新宿就对了。

新宿使人处于一种眼睛永远不够用的状态。楼宇紧紧相邻，每一层楼上都伸出无数花花绿绿的招牌或者广告，将你笼罩在密密麻麻的信息轰炸之下。无论经过这里多少次，总能有新的发现。

另一个原因当然是新宿的范围实在太大。它不是一条商业街，也不是纵横交错的几条街，而是以新宿车站为中心的广大地区。以至于西新宿和东新宿就像是完全不同的所在。就连几乎从来不迷路的我，也难以完成从地下穿越新宿车站东口到达车站西口的迷之路线。

西新宿大概是东京摩天大楼最密集的地方。坐在从河口湖到东京的大巴上，一路上经由东京市郊的八王子、日野、府中和调布，车窗外的风景都是看起来差不多的二层住宅，直到眼前突然出现西新宿林立的高楼，才惊觉自己是回到了东京。较之开发更早一些的银座，西新宿更符合一个当代超级大都市在我们心中固有的形象。

西新宿东京都厅45层的展望台是免费眺望东京的好去处。站在

新宿三丁目的巷子里。
除了居酒屋就是酒吧。渡边和永泽在这里一家一家地寻找同女孩子睡觉的机会。

晚上九点钟的歌舞伎町。人头疏落。无料案内所里到底有什么呢？

张奋泉 FOTOE

高处更能体会新宿的繁华和拥挤。特别是到了夜晚，脚下的新宿简直就是灯光的海洋，连远处东京塔发出的标志性的红光都被淹没其中。与上世纪六十年代就建成的东京塔相比，新宿显得更有活力，仿佛在不断呼吸和生长一般。而东京塔更像是代表着《三丁目的夕阳》里那抬头便能看见的古老而永恒的温情。

新宿离早稻田大学不远，因此也是渡边出没频率颇高的地方。

渡边打工的唱片店，常去逛的纪伊国屋书店，和绿子一起逃课喝酒的小酒吧，以及和永泽厮混的酒吧街，全部都在新宿。

周六的晚上，永泽来我房间，问我今晚能否出去玩一玩，在外留宿的事宜由他来办。我答应说可以。一周多来我的头脑乱七八糟的，觉得跟谁睡觉都无所谓。

黄昏时分，我进浴室洗个澡，刮了胡子，开领半袖衫外罩了一件棉布上衣。然后和永泽两人在食堂吃罢饭，乘上公共汽车往新宿赶去。我们在新宿三丁目的喧嚣声中下车，沿这一带东游西逛了一阵，然后走入近处一家常去的酒吧间，等待合适的女孩儿的到来。

熬到11点半，永泽说今天报销了。

“对不住，拉你跑来跑去。”他说。

“没关系，我知道你也有这样的日子，已足够让我开心的了。”我说。

“一年也就是一回吧，这种时候。”

说实在话，这时我对同女孩睡觉已无多大兴致了。在周末夜晚沸沸扬扬的新宿街头东张西望了三个半小时之久，目睹着人们释放出来的由性欲和酒精等相混合的各种莫名其妙的能量，不由觉得自己本身的所谓性欲简直猥琐得不足挂齿。

新宿三丁目位于东新宿。只要你曾经穿过新宿车站，或是从西新宿步行到东新宿，就能切身感受到，东新宿喧嚣和繁忙的程度远远超越作为商务区的西新宿。那种喧闹是带着世俗欲望的喧闹：十几层楼高的百货商店，令人眼花缭乱的各式日本料理，人潮汹涌的药妆店……无一不赤裸裸地挑动着人们消费的神经。一旦身陷其中，你会发现自己把几个小时都花在这里也浑然不觉。比如纪伊国屋书店，作为一栋足足有七层的超级大型书店，在晚上九点钟关门之前客人都还络绎不绝。

当西新宿因为上班族已经回家而显得冷清时，东新宿的夜晚正是其最有活力的时候。

从新宿三丁目的地铁站出来，眼前的景象丝毫不会令人意识到夜晚的存在。因为想要避开百货商店外面川流不息的人群，我钻进一条小巷子，然而里面也是一家家居酒屋和酒吧。店门口站着三三两两抽着烟的年轻人，落地窗后面传来酒杯碰撞的声音，通往地下室的楼梯墙上画着时尚的涂鸦……每一处似乎都在酝酿着暧昧的情绪。身处其中，仿佛掉进了另一个永远属于夜晚的世界，然而那又是一个无比现实的世界。这是一种异常奇特的感受。

对于渡边来说，永泽就是另一种现实性的存在。

新宿小田急车站外的晚霞，夜晚即将在这里上演。

新宿西口地铁站外久坐的男人。
装扮看起来不像流浪汉，但是看起来明显与周围的人格格不入。

永泽不光家世好、头脑好，长得英俊，并且具有天生的领袖气质，无论谁都要高看他一眼。然而永泽偏偏选了普普通通的渡边做他的朋友。渡边早已看透了永泽内心的阴暗之处，从不肯交心于他，但是在寄宿生活中又确实受到他的照顾。这不能不说是现实的残酷。与之相比，渡边与木月之间毫无距离而又全心相交的友谊，简直如同象牙阁楼中的理想世界一般。

然而那理想世界早在渡边17岁时便由于木月的离去而彻底崩塌了。无论渡边还是直子，都必须直面残酷的现实世界。直子无可挽回地封闭了内心而陷入自己的世界，渡边则在空虚和孤独中不断挣扎着向现实的世界寻求回应。

如此同女孩睡过三四次以后，我问永泽：这种事连续干过七十次，是否会觉得空虚。

“如果你觉得空虚，说明你是正人君子，可喜可贺。”他说，“和素不相识的女孩睡觉，睡得再多也是徒劳无益，只落得疲劳不堪、自我生厌，我也同样。”

“那你为什么还那么卖力气？”

“很难解释。对了，你知道陀思妥耶夫斯基有一本书写过赌博吧？同一个道理。就是说，在周围充满可能性的时候，对其视而不见是非常困难的事。你明白吗？”

想要明白这个道理并不难，只要去新宿的歌舞伎一番街走上一遭便是了。

新宿的歌舞伎一番街一带自江户时代开始，就是东京著名的花街。如今也是日本最大的娱乐区，据说一天有30万人出入。歌舞伎一番街的红色招牌早已成为和浅草寺雷门前的大红灯笼一样知名的东京地标。

夜间九点，还不是歌舞伎一番街最热闹的时候。各家娱乐场所似乎还刚刚开门不久，店门前冷冷清清。行人大多是路人模样的情侣或游客，常常光顾的客人们大概此时还在居酒屋吃饭喝酒，只有拉客的小哥意兴阑珊地站在门口分发传单。这些人都有些看人的本事，见是外国游客就不主动上前攀谈。我也只能在林立的霓虹灯招牌上认出大大的“无料案内所”几个字。再往里看，就只能看到一道半透明的门帘，若隐若现地引人遐想。我十分好奇地打量各个店家招牌上风格各异的女性或男性照片，猜想什么样的客人会光顾这家店。

作为一名游客，对于这无限可能性的遥想，也只能到此为止了。

除此之外，歌舞伎一番街并没有什么特别有意思的地方。街上抽烟的年轻人特别多，即便都站在街边的吸烟点，从旁边经过也无可避免地被烟雾笼罩其中。东京特有的庞大而有序的氛围在此荡然无存，空气中弥漫着难以言说的躁动气息。

如渡边和永泽一般整日在此徘徊的普通年轻人，恐怕也只能获得介于现实和幻觉之间的巨大虚无。

然而永泽并不是普通人。

新宿思出横丁里的鳗鱼串烧老店。在此消费大多是本地人，很有《深夜食堂》的氛围。

从东京都厅展望台上可以望见东京塔的红色光芒。傍晚夜色即将落幕的时候的景色最为迷人。

某种程度上来说，永泽选择与渡边做朋友，不仅仅是因为两人都喜欢《了不起的盖茨比》。他意识到渡边和他一样，都深深洞悉了眼下无聊且令人厌恶的现实是与理想世界遥相背离的存在。两人都可以说得上是玩世不恭，差别则在于永泽下定决心要试试自己在这样的现实中到底能够做到什么样的地步。因此永泽在通过了极其严苛的外务省考试之后，立刻开始着手自学西班牙语。在普通人都会跑去大肆庆祝的时刻，他依然保持着冷静的头脑，所思考的事情依然是如何超越他人。就连对于大学时堪称完美的恋人初美，他也能够没有丝毫留恋地抽身离去，甚至在听闻其死讯的时候也没有特别的反应。可以说他是目标明确，也可以说是毫无余地的冷酷无情。对于这样的永泽来说，流连在歌舞伎町的声色犬马恐怕也只是他对于世界可能性的一种尝试。

而对于渡边来说，那只能使他更加困惑于现实和虚幻之间的界限。

尽管当时我在新宿街头经历了五花八门的奇妙事情，但一大早5点20分被素不相识的女孩拉去喝酒，倒是有生第一遭。拒绝吧又要找借口，也罢，反正还有时间，便到附近自动售货机跟前买了几瓶日本清酒和一些下酒菜，和她们一起抱在怀中，走到西口原叶那里，开了个席地宴会。

从两人话中得知，她们在同一家旅行分社工作，都刚从短期大学毕业，很要好。小巧女孩儿有个男朋友，太平无事地交往一年多了。不料最近得知他同别的女郎同床共衾，她于是大为沮丧——情况大致如此。高大女孩儿因哥哥今天举行婚礼，本打算昨天回长野老家，但为了陪伴这个朋友，昨晚在新宿熬到天亮，而决定今早乘第一班特快赶回。

换做是别人，如果不是另有所图，多半会拒绝凌晨时分陌生人发出的一起喝酒的邀约。不过渡边的性格就是如此，对于发生的一切只是自然而然地接受下来。即便多少有些荒诞，既然发生在眼前，大概总有其合理的一面。或者确实如永泽所言，在存在着某种可能性的时候，开口说拒绝实在是太困难了。

一群乌鸦从西天飞来，掠过小田急百货大楼的上空。天已完全大亮。三人东拉西扯的时间里，高大女孩儿乘电车的时刻临近了。我们把剩下的酒送给西口地铁站里的流浪汉，买张站台票送她上车。她乘的列车远去后，我和小巧女孩儿不约而同地跨入旅馆。其实双方都不是特别想一起睡觉，只是如若不睡，事情便无法收场。

两人一起睡了一觉之后，女孩自己离开。当渡边醒来时，他关于昨晚的记忆“一切都仿佛隔着两三层玻璃一样”。尽管有事实为证，他仍然觉得那仿佛幻觉一般。这样的事情若是发生在现实中的新宿，我倒是一点也不会觉得奇怪。新宿西口地铁站前面确确实实坐着流浪汉，小田急百货大楼上方也确实有乌鸦。

在一个雨后初晴的傍晚，我从新宿车站出来，外面的天空被绚烂的晚霞染成一片金黄。新宿车站外所有的人几乎都仰起头，欣赏着这一道突如其来的风景。那一刻，我相信新宿就是周围有着一切可能性的现实。

新宿・歌舞伎一番町旅行 Tips

新宿站是东京最复杂的车站，没有之一。JR线和各条地铁线的出口名称各不相同，并且相距甚远。最好避免在此换乘不同的线路，如果必须要换乘的话，请准备好迷路的时间。

新宿西口步行到东京都厅还需要大概15分钟，也可以坐大江户线直接到都厅前站。东京都厅是东京都政府的总部大楼，45层的展望台免费开放至晚上十点。从傍晚到日落时分的景色非常迷人，唯一的缺憾是东侧有其他建筑阻挡视线。

新宿西口沿着铁路向北不远有一条小巷称为思出横丁，是传统的日式串烧一条街。其中有一间昭和23年就开始营业的鳗鱼串烧老店カブト，只提供鳗鱼串烧套餐（包括鳗鱼皮，鳗鱼肉和鳗鱼肝）和日本酒。店里只有几个座位，鳗鱼十分美味，人气很旺，可以体会到《深夜食堂》般的氛围。

穿过思出横丁，过了十字路口就是歌舞伎一番町。虽然作为游客不会光顾这里的店家，但是作为风俗业聚集的地方，治安状况不可忽视，还是应该避免一个人或深夜时到访。

去哪里都一样

“票？上野车站？”绿子说，“怎么回事呢？不好明白。”

“还说‘拜托了’‘绿子’。”

“那怕是拜托我的事吧？”

“也许要我去上野车站为你买票。”我说，“总之这四个词的顺序挺不好安排，弄不清含义。上野车站方面可有什么想得起来的事？”

上野有JR和东京地铁两座车站。绿子提到的上野车站是JR上野站。因为买了东京地铁三日票，所以直至来到上野车站之前，我都是乘坐东京地铁或都营地铁。上野车站是我第一次看到的JR车站。

JR公司的铁路都是地上铁路，除了东京都内运营的电车之外，还包括长途的急行或特急列车及新干线。JR上野站是从东京出发北行的特急列车及新干线列车的发车地点，大多数游客从这里前往日光，也可以去往更远的东北地区。

不知道是周末的关系还是JR车站的旅客本来就比较多，下午的上野车站前面竟然人潮滚滚，较之市中心的日本桥和银座都绝对有过之而无不及。车站位于地上，抬头便可望见铁路上方一条条的电缆线。不时有JR山手线的电车经过，有时还有速度较快的急行列车轰隆轰隆地呼啸而过。站在路口等红绿灯的功夫，就有

经由JR上野车站抵达愉快周末的人们。

热闹的上野车站。
绿色的山手线列车。去往新生活的列车由此出发。

好几辆列车从头顶上方通过。列车驶来时带着一种压迫的力量感，通过后则带着奔向远方的气势一往无前。由于上野车站通过的列车很多，车站里并列着数条轨道，因此整个车站是开阔的。如果是一般的小型车站，列车则必须从密集的住宅中间通过。

我站在路口入迷地抬头望着来来回回的列车，周围的行人则都习以为常般不以为意。这里临近上野公园，周围又遍布着大大小小的百货商店，身边的日本人都是一副轻松随意的表情。仿佛头上驶过的山手线列车也不再是拥挤而令人焦虑的通勤电车，而不过是这个愉快周末下午的小小点缀。

在梅雨季节难得的明媚午后，上野车站对面的咖啡店洋溢着轻快的欢乐氛围，衣着时髦的男男女女站在路口等待通过。大概谁也不会留意到，某个拼命想要摆脱尴尬生活的女孩，从这里开始，一个人踏上了漫长的旅程。

绿子便是从这里乘东北新干线去了福岛。

“上野车站……”绿子沉思着。“上野车站能想得起来的，不外乎两次离家出走的事。那还是小学三年级和五年级的时候，两次都是从上野乘电车到福岛去，从自动取款机里取的钱。是一件什么事把我惹火了，赌气去的。福岛有我伯母，我挺喜欢那位伯母，就跑了去。这一来，父亲就赶去福岛把我领回。两人乘上电车，吃着盒饭返回上野。那时候，父亲向我说了很多话，尽管十分不连贯。他讲了关东大地震，讲了战争，讲了我出生前后，都是平时没怎么提起过的事情。想来，我和父亲两人单独那么心平气和地交谈，恐怕只那一次。嗯，你能相信？我那位父亲，关东大地震的时候，在东京市中心居然连发生地震都没察觉到。”

“不至于吧。”我不禁讶然。

“这还能假，真的。父亲说，当时他正蹬自行车，后面挂个小拖车在小石川一带赶路，却一点感觉都没有。回家一看，见周围房上的瓦都掉了下来，家人正抱着柱子浑身簌簌发抖。父亲居然丈二和尚摸不着头脑，还问‘你们干什么呢，到底？’这就是父亲对关东大地震的回忆。”说到这里，绿子笑了，“父亲对往事的回忆都是这个样子，一点都不波澜起伏，都好像缺东少西，平淡得很。听他那么一说，觉得这五六十年来日本似乎没发生任何重大事件。无论二·二六事件还是太平洋战争，你若提起来，他便说那大概是有过的。好笑不？”

“从福岛回上野的时间里，他断断续续地讲的就是这些。而且最后总忘不了补上这么一句：去哪里都一样，绿子。给他那么一说，也就以为可能真是那样，小孩子嘛。”

“这就是上野车站的回忆？”

没错，这就是关于上野车站的回忆。

如同绿子对父亲的评价一样，这段往事在书中只能算是平淡无奇。本以为绿子父亲说出谜一样的暗语，接下来会让绿子想起一些过往的秘密。结果上野车站的回忆竟然只是如此，多少令人有

上野车站。

新干线和 JR 山手线有不同的改札口（检票通道）。似乎暗示着你可以选择一条在城市里没完没了绕圈的线路，也可以选择通往另一种生活的不同道路。

在城市里能看到伸向远方的铁轨，正是JR电车站的迷人之处。

些失望。而我偏偏想去亲眼看一看这座车站。多半是出于绿子父亲反复说的那一句：去哪里都一样，绿子。

绿子的父亲在弥留之际不知为何想起了上野车站。大概这是他和女儿为数不多的交心经历。虽然谈的都是关东大地震或是太平洋战争这种看似和绿子一点关系都没有的事情，又没有什么特别的经历，但那毕竟是父亲对女儿讲述自己人生的珍贵时刻。

不知道为什么，我也觉得在新干线上吃着铁道便当的时候，是最适合这种谈话的场合。

作为小书店的经营者，绿子的父亲靠每天辛辛苦苦卖《周刊文春》和《妇女生活》养活一家四口，还要拼命攒钱送女儿去读私立高中。无论出于虚荣也好或是别的什么也好，绿子的父亲每日只能埋首工作，没有工夫去思考世界将会变成什么样子。这样的人大概只能拥有如此平淡的人生。

那并不是他的错，世上并不是所有的人都如永泽一般含着金钥匙出生。然而生长在同样环境中的绿子却不甘于此，时不时就挣扎着做出一番努力，想要摆脱这种令人压抑的生活。那正是绿子讨人喜欢的地方。

乘车去福岛也好，抓住渡边要他陪自己逃课喝酒也好，绿子身上仿佛总有一种不顾一切的勇气和坚决。不管结果如何，总要先迈出那一步再说。这种生机勃勃的行动力对徘徊在20岁泥沼里的渡边来说无疑如同救命稻草一般。若非紧紧地抓住绿子，渡边势必迷失在虚空之中。

纵然父亲会去接她回家，一边吃铁道便当一边说，去哪里都一样，绿子。话说回来，绿子还是再次独自从上野车站出发去了青森。

这一次，父亲已经去世，男朋友也已经分手，绿子终于可以按照自己的心愿“一个人无拘无束地旅行”。而她依然选择了上野车站作为出发点，仿佛是为了回应父亲的临终遗言。不知道她是否会回想起父亲平淡无奇的一生，想起他每次都要说的那一句：去哪里都一样。

无论如何，对于绿子来说，新的生活就是从上野车站开始的。

顺便说一句，渡边与玲子告别时也是将玲子送去了上野车站。

上野车站旅行 Tips

上野有 JR、东京地铁和京成上野三座不同的车站，地铁车站位于地下，靠近上野公园一侧的是京成上野车站。往东北去的新干线始发站就在 JR 上野车站。

藉由上野车站可以到达并游览上野公园及其周边地区，包括动物园、美术馆、博物馆等各种设施。无论你的兴趣是什么，都能找到想去的地方。

彼时直子已死，与直子共同生活在疗养院的玲子来到东京看望渡边，之后决定去北海道的旭川继续生活。从东京到旭川很远，一般人通常坐飞机。然而玲子说她不喜欢在天上飞，坚持要坐新干线去青森，坐青函渡轮穿过津轻海峡到达北海道的函馆。因此渡边送她到上野车站乘坐开往东北的火车。

青森到函馆的新干线是最近才通车的。在此之前，要从东京直达北海道除了飞机就只能选择坐长达十几个小时的列车，是日本少数有寝台（卧铺）车厢的线路。即便坐新干线到达青森，也需要再坐长达四个半小时的青函渡轮，更别提函馆到旭川之间五个半小时的火车车程了。然而对于想要开始新生活的玲子来说，不到两个小时就从东京飞抵北海道似乎是太快了一点。飞机旅行固然方便快速，但是思维的速度往往跟不上，常常在抵达目的地的时候生出一种难以置信的感觉：我现在是在哪里？仿佛只是一瞬间，我真的已经身处另外一个遥远的地方了吗？坐火车则能带来一种实实在在的移动感，从一个车站到另一个车站，看着车窗外的风景不断后退，自然会生出一种告别的心情，以及对于下一个目的地的向往。在列车行进的时间里，也可以好好地思考一下，在即将到达的地方，会有怎样的开始。

大概在村上君眼里，作为新干线始发站的上野车站，是一个能够藉由火车旅行开始，抵达新生活的地方。

全世界森林里的树统统倒在地上

“吃饭去吧，前胸贴后背了。”绿子说。

“去哪儿？”

“日本桥高岛屋商店的餐厅。”

以生活在中国的经验来理解，高岛屋大概类似于繁华商业地带的大型综合商场。餐厅一般来说位于地下或顶层的美食街里，各种食物的气味和嘈杂的声音混在一起，仿佛催促人们迅速吃完眼前的食物，再次投入血拼的战争中。

绿子为什么独独喜欢高岛屋商店的餐厅呢？亲眼看到高岛屋的时候才能明白，那并不是一般的商场，那是高岛屋。

如果搭乘地铁到日本桥站的话，一出改札口就能看到箭头指示和写有“高”字的红色圆圈，很容易在正确的出口找到高岛屋。

我则是一路从日本桥步行过来。

日本桥是个很少会被写在旅游攻略上的地方，毕竟只是一座桥而已。然而桥头写着“日本道路元标”的牌子不免让人对其刮目相看。“道路元标”就是指日本所有道路的起点，意味着道路从这里开始延伸至全国各地。

日本桥本身的外观并无特别。从前方的十字路口看过去，会以为横跨桥上而过的高架桥才是正牌日本桥。

高架桥是1964年为举办东京奥运会修建的首都高速公路。庞大

高岛屋地下一层售卖的高级便当。过生日吃1200日元的便当也不算亏待自己吧。

细雨中的高岛屋天台上一个人也没有，非常适合来一场令人热泪盈眶的告白。

的浅绿色桥体贯穿日本桥之上，只露出桥头的一对青铜狮子。桥中央还有一对青铜麒麟。那带着双翅的麒麟，便是象征日本从此走上腾飞道路的标志。不过麒麟处于高架桥的遮挡之下，唯有走近才能一睹其真容。无论麒麟还是狮子，外形上都更接近西方式的造型，展开翅膀的麒麟甚至更像西方传说中的龙。桥头的狮子脚踏罗盘，背后的青铜柱上采用的也是西式的花纹和铜质路灯。不难想象明治天皇当时决心效仿西方文明，将日本建设为发达国家的雄心壮志。

尽管首都高速公路遮蔽了日本桥上方的风景，但这也是在交通用地不易取得的东京市内修建道路的无奈之举。东野圭吾在小说《麒麟之翼》开篇即描写了夜晚穿过日本桥的中国旅行团抬头望着上方高速公路的情景。东野圭吾在心里揣测着，来自辽阔国土国度的人们到底作何感想呢？

事实上，东京的城市规划令人叹为观止。作为有着两千万人口的世界超级大都市，东京给人的感觉并非如想象中那样拥挤。日本桥一带是江户时代就十分繁华的地方，相比北京和上海的老城区，街道可以算得上宽敞，也不像香港中环一带，要将头向上仰起九十度才能看到摩天大楼之间的天空。尽管附近就是三井住友银行本社、野村证券株式会社总公司和三越百货这样的超级大公司，街头也没有摩肩接踵的人潮和车流。当然人不算少，且大多行色匆匆，只有我驻足观看那一对青铜狮子。为数不少的鸽子在我身边来来回回，它们从麒麟的身边飞过，落在花岗岩的桥栏上，对着桥下青色的河水发出“咕咕”的声音，仿佛从江户时代开始便是如此。

按照谷歌地图的指引，穿过有着青铜麒麟雕像的日本桥，步行一会儿就可以到达高岛屋。事实也确实如此，只不过当我站在十字路口张望的时候，丝毫没有意识到面前的庞大建筑就是高岛屋。

日本桥的这座高岛屋是昭和八年（1933年）的建筑，内外部空间的装潢至今都还保留着当时的模样。整座建筑乍看是西式的，仔细看看，灰色大理石柱之间镶嵌着的明明是东方传统风格的木制门窗。这种混搭恰到好处地营造出一种旧时代特有的华丽气息，从里面透出的黄色灯光更令人觉得仿佛误入了伍迪·艾伦的午夜巴黎。

店内售卖的无一不是精致漂亮的高档商品，顾客大多有些年纪，衣着打扮尽量与商品档次相符。身着制服的电梯小姐不断重复着“欢迎光临”、“请问您到几层”、“谢谢惠顾”一类的标准用语，脸上始终保持着职业化的笑容。不难想象，这座高岛屋一定自昭和初年开始就是所谓的高档百货商店。

对于这种高档百货店，家境不算富裕的绿子家大概很少光顾。即便难得去上一次，作为父母，恐怕也要选个特别的日子把孩子们打扮好了才带出门去。说不定还要特意教导孩子们，面对金光闪闪的复古式电梯时务必不可大呼小叫，对电梯小姐温柔殷勤的笑脸也要报以矜持的微笑。因此在绿子的记忆里，高岛屋的餐厅才成为某种特别的存在。

日本桥中央令人仰视的青铜麒麟。藏在首都高速公路下方的阴影之中。

万万没想到这座庞大而古典的建筑竟然是商场。不，是高岛屋。

顺便说一句，村上君本人也对日本桥高岛屋的餐厅情有独钟。他在《村上朝日堂》中《生日》一篇里写道："所以今年生日悄悄过算了，在银座买一张唱片（自己买），然后去日本桥高岛屋百货商店的特别餐厅吃个盒饭完事。我想这是符合自己的情况的，于是往日本桥那边走去。不料赶上高岛屋例休日，岂有此理！我是以为走到高岛屋餐厅就能悄悄过上一个像那么回事的生日，才特意赶来日本桥的。"

在百货商店餐厅吃盒饭过生日，村上君，真有你的！

"在商店的餐厅吃饭，这可是相隔好久的事了。"我一边说一边端起几乎惟独商店餐厅才能见到的光溜溜的瓷茶杯，喝了一口。

"我喜欢这样。"绿子说，"觉得好像做了一件特殊事情。这大概同小时候的记忆有关，小时很少很少由大人领着逛商店。"

"我倒好像常逛，我妈喜欢逛商店的。"

"真好。"

"也谈不上好不好，我本来不乐意去什么商店。"

"不是那个意思。我说的好是指在大人关怀下长大。"

"噢，独生子嘛！"我说。

"小时候我就想好了，长大后一定一个人来商店餐厅饱饱吃上一顿。"绿子说，"不过也够无聊的，独自在这种地方毛毛草草吃顿饭，哪里能有什么意思。既不是特别好吃的东西，又乱哄哄地让人心烦意乱，空气又糟，光是地方宽敞。但我还是时常想来这里。"

高岛屋一层大厅里悬挂着的高岛屋历史照片。许多年以前就已经非常富丽堂皇了。

虽然绿子这样说，但是高岛屋的地下餐厅对初到东京的我来说，简直是让人眼花缭乱的美食天堂。房总半岛产的巴掌大的黑鲍，北海道产的红艳艳的明太子，大阪产的和新鲜生鱼几乎无异的西京渍鳕鱼，恨不得每一样都买来尝一尝。渡边和绿子选择吃的便当是那种摆在竹帘上，色彩搭配十分诱人的高级便当。这样一个便当的售价在1000到1200日元左右。而普通便利店里的便当一般只要五六百日元，就连金子半之助著名的海鲜天井也只要950日元。看来在高岛屋地下餐厅吃一顿便当也算小小的奢侈了。

按绿子的说法，来商店餐厅吃完饭，之后当然要去天台。

雨中的天台一个人也没有。宠物用品柜台看不见售货员。小卖部和乘用物售票处也都落着卷闸门。我们撑着伞，在湿漉漉的木马、花木架、摊床之间散步。东京的闹市区中心居然有此等荒凉的场所，我有些意外。绿子说要看望远镜，我投进一枚硬币，她看的时候我为她撑伞。

天台角落里有一小块带凉棚的娱乐场，摆着几台儿童游戏机。我和绿子在里边一个歇脚凳模样的矮台上坐下，观望雨景。

恰巧当天也是雨天，是梅雨季节特有的轻柔细密的小雨。下了一阵之后就停了，阴沉的天空中飘着零星的雨点。天台一侧是咖啡厅，另一侧是花园。花园里装饰着精心修剪成松鼠和小熊形状的灌木，粉色和蓝色的紫阳花装点其间。仔细看的话，还能发现草丛间藏着小恶魔雕像这种有趣的细节。虽然并非传统的日式庭院，但颇得其精致小巧的精髓。难以想象在东京的闹市区有这样一片空中花园。

大概因为下雨的缘故，天台上几乎没有其他人。宠物用品店敞着空落落的门，花店里上了年纪的女店员穿着整洁的白衬衫在走廊上表情严肃地修剪花木。穿过走廊，另外有一小片天台。可惜已经没有木马和儿童游戏机了，只有一块用铁栅栏围起来的专门给宠物用的小型运动场。雨中的无人乐园的确有点孤独，但要说荒凉倒是还谈不上。荒凉这种感觉，恐怕多少和渡边当时的心境有关吧。

其时渡边获知直子病情加重的消息，独自在痛苦中默默挣扎，又因为思考直子的事情而惹得绿子生气，绿子两个月未曾和他说话。渡边就这样在凄惶中度过了“十分凄楚而寂寞的4月和5月”。

到得梅雨时节，绿子终于重新出现在渡边面前。

日本桥·高岛屋旅行 Tips

日本桥是老牌高档百货商店的聚集地，知名的三越百货和高岛屋的总店都在日本桥。乘地铁银座线到三越前站或日本桥站均可。

日本桥还有著名的天妇罗老铺金子半之助，传说从江户时代就开始营业。招牌是用胡麻油炸制的海鲜天妇罗和溏心蛋制成的海鲜天丼。人气很旺，常常要排队一两个小时。建议错开用餐时间前往。

地址：東京都中央区日本橋室町1-11-15

营业时间：11:00-21:30

“喜欢我的发型？”

“好得不得了。”

“如何好法？”

“好得全世界森林里的树统统倒在地上。”

这句发自内心的赞美终于使得绿子决心留在渡边身边。两人也因此才来到高岛屋的天台，并在这里对彼此倾吐了心声。

在最后的伤感结局到来之前，此处算是全书中一个激动人心的小小高潮。绿子的直爽和热情痛痛快快地将渡边推出直子的阴影，令渡边在荒凉的雨中感受到了世界的温暖。

在这个雨后的下午，从高岛屋的天台看出去，所见无非是灰蒙蒙的天空和房屋。惟独天台中央的绿地和紫阳花传递出夏天的葱茏和生机。这真是个适合表白的场所。

“为什么？”绿子吼道，“你脑袋是不是不正常？又懂英语假定形，又能解数列，又会读马克思，这一点为什么就不明白？为什么还要问？为什么非得叫女孩子开口？还不是因为我喜欢你超过喜欢他吗？我本来也很想爱上一个更英俊的男孩儿，但没办法，就是相中了你。”

当绿子如此直白地向渡边大声说出自己的心意之时，我的眼眶都微微潮湿了。

如村上所写，绿子的的确确是个“全身迸发出无限活力和蓬勃生机，简直就像刚刚迎着春光蹦跳到世界上来的一头小鹿”般的女孩。有话直说的绿子，开朗乐观的绿子，丝毫不在乎别人眼光的绿子，紧紧拉着渡边的手，将他拖出进退两难的20岁的泥沼——“每迈一步都几乎把整只鞋陷掉那般滞重而深沉的泥沼”。让他在无声无息的雨中，和怀中的热情女孩一起，送走彷徨的20岁春天。

站在东京这座庞大城市中央的半空之中，想起渡边和绿子两人紧紧拥抱着彼此的画面，世界上所有的喧嚣仿佛都离我远去了。

祝你幸福地活下去

此后两三天时间，我在吉祥寺的街上买了些杂货，开始在家里做简单的饭菜。另外从附近木材店里买好木料，请其锯好，做了一张学习用桌，吃饭也暂且用它。还做了个碗橱，买齐了调味料。一只半岁左右的白毛母猫已和我混熟，开始在我这儿吃饭。我给这猫取个名字，叫“海鸥”。

这是东京1970年的春天。渡边的20岁彻底告终的一年。

渡边搬出宿舍，在郊区的吉祥寺附近租了一间房子，憧憬着和

吉祥寺车站通往井之头公园。商店街上随处可见品位优雅且别具一格的店铺。

吉祥寺并没有吉祥寺。
中央线吉祥寺站附近闲适优雅的地区都是吉祥寺。

直子一起开始新的生活。房子虽然在郊区，但是价钱便宜，而且有大片的庭院和成群的猫。看起来绝对是适合两人静静生活的场所。

吉祥寺在当时相对于东京市中心来说是否是偏远的郊区不得而知，如今乘中央线从新宿站出发，只要二十分钟左右便可到达吉祥寺。吉祥寺是以吉祥寺车站为中心的武藏野地区的总称，据说连续五年被选为东京人最想生活的居住地。

渡边搬到吉祥寺后也确实一反常态地开始努力生活。除了自己在家做饭，动手打造家具，甚至还帮房东修剪花园的杂草。难以想象那个从前生活在脏乱宿舍里的渡边竟然如此能干。渡边心怀和直子一起生活的梦想，默默为之付出努力。然而直子并没有回应渡边寄去的信，渡边只好在漫长的等待中度过打工、吃饭、看书、听音乐和逗猫玩的每一天。

抛开渡边苦闷的心情不谈，吉祥寺的生活看起来倒是闲适得很。

尽管距离新宿只有二十分钟车程，吉祥寺周围的空气却与市中心有很大的不同。路上的行人不再是一副形色匆匆的模样，人们的衣着打扮也更富有艺术感。尽管大体上中产阶级的精致没变，却少了那种紧绷绷的严肃感，多了几分随性和自在。

我造访吉祥寺的时候是周一下午，车站前面商店街上的人却一点都不少。这里的商店街聚集了许多咖啡馆、酒吧、甜品店、杂货店或是多少带有些设计感的小型服装店，总之就是休闲性大于实用性的那一类店铺。

一对衣着优雅的男女在小酒吧里面街而坐，慢慢喝着高脚杯里的香槟。酒保在他们身后默不作声地擦着杯子，似有似无的音乐不知道在什么地方缓缓流动。午后的阳光落在对面花店门口排列整齐的新鲜花草上面，悠然自得的人们从他们面前经过。两人并不看对方，却在相互低语着什么，一串串气泡从面前的高脚杯里升起。那画面极其自然地与村上故事中的某些场面重叠在一起。

走在吉祥寺一带，街上有种令人舒畅的微妙气息。与东京其他地方相比，房屋街道固然同样整齐干净，然而似乎有某种看不见的东西悄悄营造出一种优雅闲适的氛围。也许与附近井之头公园浓密的树荫有关，也许与路边小庭院里精细打理的花木有关，也许与一间间售卖各式杂货的小店有关，也许与公园前面表演杂耍的艺人有关。能在工作日的下午步履轻盈地推开杂货店的门挑选并非生活必需品的杂货，这样的女人显然与想象中普通日本家庭主妇的形象相去甚远。井之头公园前面空地上表演杂耍的男子也和东京地铁里西装革履、神色疲倦的上班族形成鲜明的对比。他甚至连鞋也不穿，光着一双脚在地上轻快地移动脚步，双手灵活地摆弄着空竹或是玻璃球。动作与音乐配合得恰到好处，如同在舞蹈一般。即便没接住抛出去的空竹，观众们也只是发出善意的笑声。他也就笑吟吟地重来一次，权当什么也没发生过。

一切都轻松自在，仿佛每一天都是愉快的周日午后。

不难理解为什么东京人都想要住在吉祥寺：谁不想将这种轻松自在的感受变为自己日常生活的一部分呢?

可惜渡边和直子到底没能一起生活在吉祥寺这个甜美又令人愉

井之头公园广场上表演杂耍的艺人。即便失败了，为数不多的观众也会报以欢笑和掌声。

悦的地方。渡边唯有在被人遗忘的庭院里不断想念直子。

直到玲子来看望他。

从吉祥寺下了电车，在转乘公共汽车去我住处之前的时间里，我们没说什么像样的话，只是断断续续地谈东京市容的变化，谈她的音大时代，谈我过去的旭川之行。有关直子的事绝口未提。我同玲子足有十个月未见，但如今和她单独走起来，心头仍不可思议地涌起一股平和、宽慰之感，并觉得以前好像也有过类似的感觉。回想起来，同直子两人在东京逛街时，便是与此完全相同的感觉。如同我与直子曾共同拥有木月的死一样，而今我与玲子又共同拥有了直子的死。想到这里，我陡然什么也说不出了。玲子一个人说了一会儿，发现我不开口，便也不再吭声。于是两人默默无言地乘上公共汽车，来到我的住处。

这是初秋一个天朗气清的午后——同恰好一年前我去京都探望直子时一模一样。云如枯骨，细细白白，长空寥廓，似无任何遮拦。又是一个秋天，我想。风的气息，光的色调，草丛中点缀的小花，一个音节留下的回响，无不告知我秋天的到来。四季更迭，我与死者之间的距离亦随之渐渐拉开。木月照旧17岁，直子依然21岁，直至永远。

直子去世后，玲子来到渡边在吉祥寺的住处。由于直子的离开，玲子也终于能够下定决心选择新的人生。彼时渡边刚刚结束了长途跋涉的旅行、回到吉祥寺的住处。在本应是轻松愉快又充满希望的吉祥寺，渡边却独自在落满灰尘的房间里思考死亡的意义。为了远离木月的死而来到东京的渡边，却不得不再次面对直子的死。

村上君将渡边对于直子之死的悲伤一一道来，那是能够让人真切感觉到的悲伤。由于渡边和直子对于木月的死总是避而不谈，唯有在此时，我才意识到，他们对于木月的死，曾经承受了同等程度，甚至更加强烈的悲痛。

吉祥寺旅行 Tips:

以 JR 吉祥寺车站门口的井之头通为分界，吉祥寺地区可以分为两个部分。车站南侧是占地广大的井之头恩赐公园。车站北侧是广大购物中心和百货商店的所在地，东急百货、京王百货、丸井百货全部集中在这里，以及各种药妆店、时装专卖店、数码用品店、二手书店……令人眼花缭乱。著名的炸肉饼店 SATOU 也在这里，无论什么时候都大排长龙，不过好在出品很快。店里也售卖炸好的成品，但是大部分人都愿意花点时间等待刚刚出锅的新鲜炸肉饼。

直子无法承受这种悲痛，被拉入死的世界。而渡边则挣扎在死和生的世界边缘，直子和木月在死的一侧不断呼唤着他。

还好玲子及时出现了。

“一到这样的地方我就松了口气。”玲子走下汽车，环顾四周说道。

“因为什么也没有嘛。”

玲子对于吉祥寺也赞不绝口。

吉祥寺到底是个充满了生活气息的地方。两人喝茶弹吉他，跟房东聊天，去商店街买做火锅的材料。

吉祥寺的商店街不止有酒吧和咖啡馆，也有卖上好牛肉的肉店。

说来有趣，吉祥寺最有名的不是西餐、不是高级料理，竟然是老字号肉店SATOU出售的200日元一个的炸肉饼。这才是适合居住的地方该有的品质。

SATOU的炸肉饼是号称以一级松阪牛制作的物美价廉的炸肉饼。在商店街看到路边排着长长人龙的地方就没错了，大家都心甘情愿地等待着现做现炸的鲜热炸肉饼。热烘烘的炸肉饼十分酥脆，放进纸袋里都会发出清脆的咔嚓声。一口咬下去，冒着热气的牛肉汁一下子流出来，带着洋葱的清甜，好吃得眼睛都忍不住闭起来。

美好的食物能够抚慰一切，包括死亡带来的伤痛。

这时间里，饭烧好了。我便往锅里倒上油，升起火锅。

“这，怕不是做梦吧？”玲子一边使劲地吸着香味一边说。

“百分之百现实火锅，照我的经验。”

相对来说，我们都未怎么开口，只顾不声不响地吃火锅、喝啤酒、盛米饭。“海鸥”闻得香味跑来，分了点肉给它。满满吃饱肚子后，两人背靠檐廊柱子，观望月亮。

“满足了吗，这回？”我问。

“非常。不折不扣地。”玲于不无遗力地回答，“我还是头一次吃到这个程度。”

两人在院子里吃热气腾腾的火锅，喂猫，看月亮，然后去附近的浴室洗澡，返回住处开红酒对饮……总之要彻底享受生活的乐趣，直到渡边能够确认自己还是要留在生的一侧。

当我坐在吉祥寺精致优雅的街头时，梅雨季节里难得一见的午后阳光正照在街对面的花店门口。我将松软的炸肉饼送入口中，闭上眼睛等待香甜的肉汁在嘴里扩散开来。

毫无疑问，那是生之喜悦的其中一种。

在那个时刻，我似乎能够体会到，即便被直子和木月将自己的一部分拖入死者的世界，渡边依然能够在吉祥寺获得脚踏实地生活着的实感。

然后彻底向直子告别，也向死者的世界告别。

渡边和玲子在孤独的庭院廊檐下给直子弹琴，一直弹了五十首曲子，算是为直子举行了一个不那么凄凉的葬礼。

他们弹披头士，弹鲍勃·迪伦，弹沙滩男孩，在月光下回想人生的伤感与温情。为了与过去好好说再见，那里必须有这样一个仪式。从此以后，如同挥别了无可挽回的六零年代，渡边只能在告别了木月和直子的人生里独自努力生活下去。那样的告别，弹一百首披头士恐怕也不为过。

“祝你幸福。”分别时玲子对我说，“能忠告的，我都忠告给你了，再没有任何可说的了——除了祝你幸福。祝你幸福地活下去，把我这份和直子那份都补偿回来。”

我们握手告别。

引文出处

村上春树《挪威的森林》，上海译文出版社，林少华译。
村上春树《村上朝日堂》，上海译文出版社，林少华译。

《国境以南　太阳以西》

东京坐标：涩谷·箱根

没有谜底的谜语

早就听闻涩谷这个名字，令我想去一探究竟的理由有三：全世界通过人数最多的十字路口，忠犬八公雕像，以及《国境以南　太阳以西》中初君在此偶遇岛本。

我在年末喧闹拥挤的涩谷街头见到一位同岛本跛得一模一样的女性。她身穿偏长的红色大衣，腋下夹一个黑色漆皮手袋，左手腕戴一个手镯样的银色手表。她身上的东西看上去十分高级。我在另一侧路面行走，偶然瞧见她后，立即穿过马路。路上人头攒动，不知从哪里冒出这么多人来，不过追她倒没花多少时间，因为她腿不灵便，走不了那么快。

要说喧闹拥挤，涩谷绝对比新宿高出不止一个档次。我在新宿附近住了好几天，每天往来于热闹的新宿街头，已经对来来往往的人潮习以为常。实际上新宿车站里的人流甚至还比不上北京的地铁十号线。因此我并没有对涩谷所谓“全世界通过人数最多的十字路口”抱有太高的期望值。

我搭乘 JR 山手线去往涩谷。电车里人不算多，也没多少人在涩谷站下车。然而一出涩谷站，眼前的景象就让人大吃一惊。涩谷车站正对着涩谷著名的十字路口，路口前面等待通过的人黑压压地站成一道厚厚的高墙。路口对面的情形也完全一样。每当绿灯亮起，两排人墙就开始逐渐分散开来，向对面的方向移动，互相交换位置。一旦红灯亮起，人们便又逐渐在路口筑起厚厚的墙。完全想不通到底是从哪里冒出这么多人来。

忠犬八公的铜像被淹没在汹涌的人海之中，非得穿过一层一层的人群，才能看见车站和十字路口之间广场的角落里，有一只小小的狗铜像。

铜像比我想象中要小许多，样子也不太像秋田犬。神情倒是十分生动，仿佛真的在一心一意地等待他的主人回家。在游客里三层外三层的包围之下显得有点寂寞和可怜。

当年八公等待主人回家的涩谷车站恐怕远没有这么多人。涩谷的繁荣始于上世纪七八十年代，政府通过大型购物中心的兴建将其打造为面向年轻人的流行文化中心。涩谷十字路口对面就是著名的涩谷109大楼，据说是日本少女最喜欢逛的流行服饰商店。那座大楼只是涩谷繁华的开端而已，在它周围的街巷里，处处都是闪亮的霓虹灯招牌。一旦绿灯亮起，涩谷车站广场上的人群就如同奔向自己主人的八公一样，穿过隔开商店和车站的马路，去找寻属于自己的目的地。

我也跟着人群穿过涩谷的十字路口，然而对于没有购物目的地的我来说，涩谷有点繁华得过头了。每一家餐馆门口都大排长龙，无论是著名的PABLO芝士蛋糕店还是连锁回转寿司店。电影院门口也站着许多年轻人，不知道是在等朋友到来还是等电影开场。年轻人总有无数的热情和时间挥洒在排队这件事情上面。店铺全都装饰得花花绿绿，里面传出旋律模糊但节奏强劲的音乐。在头晕目眩地走过两条街道之后，我不得不放弃在涩谷的探索，饿着肚子回到新宿去了。

在这样拥挤繁杂的街道上，初君还能一眼认出岛本，只能说冥冥之中两人之间存在着注定要重逢的牵绊。

尽管岛本穿着高级的红色大衣，脚又有些跛，我依然难以相信在如此令人眼花缭乱的街上，初君能够一眼就认出岛本。

初君显然也极为想要确认那究竟是不是岛本。

我稍离开一点儿跟在她后面走了一阵子。配合她的步调行走并非易事。我不时打量橱窗或停下来装作搜摸风衣口袋的样子来调整行速。

……

涩谷车站前的广场上聚集了数量惊人的年轻人。

西页 FOTOE

被各国游客团团围住的忠犬八公铜像。
无论多少人专程来看望它，八公等待的始终只有自己的主人。

不消说，我很想确认她是不是岛本。要确认并不难，绕到前面好好看一眼即可。问题在于倘若是岛本，那时我该说什么呢？该怎样表现呢？何况，她还记得我吗？

毕竟是在年末大家都上街购物时的涩谷街头，从十二岁之后就从未见面的两个人，要想从万千张面孔中认出对方已经十分困难，更何况仅凭走路的姿势就能确认那是岛本。初君心里恐怕始终有一个留给岛本的位子。

中间无疑发生了许多变故。初君不再是小学时体弱多病又被人嘲笑是独生子的少年。经过了和泉的交往，又彻彻底底地使其受到伤害；在大学里参加集会，支持罢课；最终剪短头发，身穿西服，老老实实地去公司上班，日复一日地做着重复的工作……人生可能经历的改变几乎都已经经历过了，往后大概只有失去激情的失望、沉默和孤独。

就在那个时候，只是无意间想要去涩谷买一副手套的初君，却走火入魔似地一路跟踪着像是岛本的女子。那个时候的初君，大概在潜意识里已经意识到，和岛本重逢，将是再次改变他命运的事情。

女子穿过拥挤的涩谷站前，一步不停地沿坡路朝青山方向走去。……

总共跟她走了大约四十分钟。在行人稀少的路段走一阵子，拐过几个路口，重新走上热闹的青山大街。但这回她几乎不在人群中走，就像早已打定主意似的，毫不迟疑地径直走进一家咖啡馆。那是一家西式糕点店经营的不大的咖啡馆。出于慎重，我在附近转了十分钟后才进去。

……

我坐在座位上冒出汗来，汗出得贴身衬衣都湿透了。我脱去风衣，又向女侍要了一杯咖啡。我问自己“你到底在干什么？”我是因为丢了手套来涩谷买新手套的，而发现这女子后，便走火入魔似地一路跟踪而来。按正常想法，理应直接问一句“对不起，您是岛本吗？”这样最为直截了当。可是我不愿意那样，只是默默地尾随其后，现在已经到了无法返回的地步。

当初君穿过拥挤的涩谷车站追寻岛本而去的时候，在他眼中，涩谷街头成千上万的人群只怕在那一刻全部消失不见。他唯一能做的便是跟随着那个穿着红大衣的跛脚女子。如同在初君漫长的孤独岁月之中，唯有年少时与岛本的谈话和牵手，才是支撑着他生活下去的信念。

这样宿命般的相逢不免令人觉得十分紧张：究竟一场时隔十五年的重遇会是什么样子的呢？

答案竟然是难以理解的错过。

最后，初君还是由于突然出现的陌生男子的阻拦没能与岛本重逢。

甚至连到底是不是岛本都没来得及确认。

初君无法下决心直截了当地与岛本相认，又或者生怕发现那并不是岛本之后陷入深深的失望。因此除了一直尾随在岛本身后，初君什么也没有做。

涩谷旅行 **Tips**

涩谷给人的印象一直是东京的时尚前沿，以售卖少女服饰为主的SHIBUYA109大厦已经成为涩谷的地标。我还期待着能看到以奇装异服和夸张妆容著称的“涩谷辣妹”，可惜现在似乎已经很少见了。

忠犬八公的故事在日本非常著名，后来多次被翻拍成电影。八公的主人是东京大学教授上野英三郎，八公每天都在涩谷车站前迎接主人下班回家。一天教授在学校突发心脏病去世，八公被教授的亲戚收养，却依然每天风雨无阻地在涩谷车站等待教授出现，直到九年后去世。在八公铜像旁边拍照的有许多是情侣，大概他们也希望自己的伴侣能像八公一样忠诚吧。

通往涩谷的十字路口据说是世界上同时通过人数最多的十字路口。

张奋泉 FOTOE

穿梭在涩谷的人潮之中，确实难以进行决定命运的思考。

身临其境地站在涩谷十字路口的时候就会明白，人是无法在任何时候任何环境中都能做出深思熟虑的决定的。即便明知是决定命运的时刻，恐怕也只能跟随着身边的洪流身不由己地迈动双腿。

唯有内心的本能牵引着初君向着岛本所在的方向前进。

如果岛本不是恰好出现在人潮汹涌的涩谷街头，是不是初君便不会一直跟在岛本后面，以至于重要的话迟迟无法说出口？

如同我迷失在涩谷的入口而未能领会涩谷的魅力一样，初君与岛本的一面之缘也到此为止，留下的只有一个没有谜底的谜语。

途中所有的拐弯和上下坡

我定睛细看这包在包装纸里打着礼品结的唱片。于是，人们的嘈杂声和钢琴三重奏恰如急速撤退的潮水一般远远遁去，留在这里的惟独我和岛本两人，其他一切无非幻影而已。这里既无一贯性又无必然性，不过是纸糊的舞台装置罢了。真正存在于此的只有我和岛本。

“岛本，”我说，“两人找地方听听这个好么？”

“真能那样，肯定妙不可言！”她说。

“我在箱根有座小别墅，那里谁也没有，又有唱机。这个时间，开车一个半小时就能到。”

岛本看一眼表，转而看我：“这就去？”

“这就去。”我说。

如果需要找一个地方来思考什么是存在，什么又是幻影，箱根是一个不错的选择。

箱根距离东京只有九十公里，和北京到怀柔的距离差不多。只要开车一个半小时，就能逃离东京钢筋水泥的世界，来到一个森林环抱，湖水清澈，可以泡温泉，也可以眺望富士山的地方。箱根简直就是东京人理想的后花园，哪怕说走就走也不是问题。

因为有小田急公司推出的箱根两日或三日周游券，即使是游客也可以轻松解决长途移动的交通问题，所以去享受一下东京人休闲放松的方式就成了东京旅行的热门之选。

小田急箱根周游券的卖点在于覆盖了东京到箱根以及箱根范围内的几乎所有交通方式。游客乘小田急线到达小田原站之后，换乘登山电车到达箱根山下的大本营箱根汤本站，便可以搭乘箱根登山缆车、大涌谷的空中缆车和芦之湖的海贼观光船畅游箱根地区的各个景点，最后再乘箱根登山巴士返回箱根汤本。总而言之，体验各种交通方式本身就是箱根旅行的乐趣之一。

乘小田急线从东京到达小田原需要一个半小时左右。当我在摇摇晃晃的列车上醒来时，车厢里已经没什么人，车窗外的房屋也

小田原车站是箱根旅行的开始。

梅雨时节，箱根登山电车沿途开满了各种颜色的紫阳花。

不那么密集了。阳光毫无遮拦地穿透整节车厢，甚至能一眼望见车头驾驶室里穿着制服的列车长。我望望窗外，确认自己此时已经离开了东京都，经过厚木市，即将到达小田原。

忽然生出一种实实在在的感觉：我正在离开城市去往山间。

初君告诉太太有纪子自己晚上不回家，而是需要去箱根独自考虑一些事情。彼时，他对于是否要抛下家庭和自己所拥有的一切这件事情尚未真正理清头绪。他对于有纪子仍然怀有歉意和留恋。

当他驾车往小田原开去的时候，他才开始真正意识到，自己已经无法回头。

去箱根的路上车很少。我在厚木驶下东名高速，沿小田原厚木公路径直往小田原开去。

时速表的指针总在一百三至一百四之间晃来晃去。雨不时加大势头，但毕竟是跑过多少次的路，我记得住途中所有的拐弯和上下坡。驶上高速公路之后，我和岛本差不多没再开口。我用低音量听莫扎特的四重奏，集中精神开车。她一动不动地眼望窗外，似乎在沉思什么，时而转向我，盯视我的侧脸。给她那么盯视起来，我口中不由干得沙沙直响，不得不连吞唾液使自己保持镇定。

初君三十岁的时候，在旅行中认识了自己的太太有纪子，藉由岳父赞助的资金开了爵士乐酒吧，从此告别了日复一日的公司职员生活。当然这一切都发生在初君与岛本在涩谷街头擦肩而过之后。如同和过去的三十年彻底告别一样，初君的生活发生了翻天覆地的变化。酒吧经营得风生水起，不必再为金钱担心，和太太感情和睦，又有了两个女儿，怎么看都是世人眼中的幸福人生。

然而对于初君来说，他常常在不知不觉之间心生怀疑：

这不大像是我的人生，我好像是在某人准备好的场所按某人设计好的模式生活。我这个人究竟到何处为止是真正的自己，从哪里算起不是自己呢？

初君明白，他心里始终有一块空白，没有任何东西能够填补，除了岛本。妻子的出现并没能完完全全地使他成为完整的自己。虽然过上了令旁人艳羡的生活，他却不可避免地将要伤害自己的妻子，如同他命中注定要伤害初恋女友泉一样，全因他自身所缺失的那一部分。

那是自从十二岁握住岛本的手时就注定了的。

因此当岛本再次找到他，放弃一切和岛本一起离开的念头便始终未曾从他心中消失。直到两人一起开车前往箱根，初君终于必须要下定决心了。

然而最后做出决定的人却是岛本，在尚未到达小田原的时候，一切都已经确定了。

“初君，”稍顷她开口道，“这么从旁边看你开车，有时很想伸手抓住方向盘猛地打转。那一来怕是要没命的吧？”

箱根缆车缓慢而孤独地通往寂静的山顶。

箱根山里有许多这样的私人别墅，很适合一个人独自思考，或是两个人一起听唱片。

“笃定呜呼哀哉。时速一百三十公里嘛。”

“不愿意和我一块儿死？”

“那可算不上光明正大的死法。”我笑道，“再说唱片还没听呢。我们是来听唱片的吧？”

“别怕，不会那么做的。”她说，“不过是一闪之念，时不时地。”

仿佛什么人“咔哒”一声按下了开关。

岛本最终放弃了和初君一起死去的念头。在箱根别墅与初君度过一个夜晚之后，岛本便消失了。

唯有初君留下来，独自面对无法弥补的虚空。

这样一想，不免觉得箱根有种超越现实的氛围。

实际上，在小田原站换乘的时候，的确有一种时空切换的错觉。

一踏上去往箱根汤本的登山电车，就能感觉到车厢里弥漫着一种与城市通勤电车完全不同的欢快气氛。乘客里日本人居多，大部分都是上了年纪的阿公阿婆，我这样的外国游客是少数。他们只随身带着一只手提包，头上戴着遮阳帽，脸上露出愉快而轻松的表情。大家都像是偷偷跑出来郊游的小朋友。

此时的箱根正是满山盛开紫阳花的季节，连电车的名字都改成了“紫阳花电车”，座椅也应景地换上了带有蓝紫色紫阳花纹样的椅套。在车站可以免费拿到特别制作的紫阳花地图，标明电车行驶途中能够欣赏紫阳花的地点。

登山电车以一种“之”字形的方式向山上进发，在某些车站需要停下来掉转车头和车尾的方向。驾驶员和乘务员分别从两端同时下车，交换位置之后，电车便开始向反方向行驶。两个人每次都如法炮制，碰面的时候还要微笑着打招呼（大概是互相说一句“你辛苦了”）。作为旁观者也觉得很辛苦，为什么每辆电车不配备两个驾驶员呢？

不过这种仪式感正是乘坐登山电车的特殊体验之一。由于频频停下来调换车头，从箱根汤本到终点强罗站需要四十分钟。实际乘坐的时候根本不觉得时间有那么长，一路欣赏着各种颜色的紫阳花，在转弯处等待对面铁轨上驶过来的红色电车，或是在电车驶过两山之间的铁桥时俯瞰碧绿的山谷和河水，都是极其新鲜有趣的体验。

到达强罗站，海拔已经有五百五十三米。来箱根的游客大部分选择住在箱根汤本或强罗站附近，前去换乘登山缆车的人并不多。登山缆车以一种比登山电车更为陡峭的方式前进，往山上去的缆车轨道倾斜的角度足有三十度之多。坐在缆车里的时候，能够明显感觉到座位是向后倾斜的，然而程度似乎不及香港太平山的缆车。

在中强罗站下车的只有我一个人。缆车“喀拉喀拉”地开走之后，四周就只有碧绿的山林和开着紫阳花的小小车站。

当我走出车站想要按照地图往旅馆方向走去的时候，悲剧发生了。缆车轨道下方竟然没有通路，因此无法从车站的一侧穿行至另一侧。我从西侧下车，而旅馆位于车站的东侧。我想找人问路，却四下无人，只有远处一位穿着和服的老妇人挪着碎步消失在通往山上的小路尽头。

那一刻我深深地感到，自己正处于一个与繁华的东京截然相反的所在。

由于求助无门，我只好按照 Google map 的指示，沿着轨道走到位于山下的上一站“公园上”站，那里的车站下方有通路可以到达轨道的另一侧。山势确实很陡，回来的时候吃尽了苦头，俨然绕了很大一圈才回到位于中强罗车站的温泉旅馆。如果抛开因为绕路而气恼的成分，沿途的景色还是不错的。山林里寂静无人，尚且带着新绿颜色的树木浓密而茂盛，仿佛能感到丰沛的氧气分子正在“咕嘟咕嘟”地被制造出来。不时能看见其他温泉旅馆的大门和庭院，却始终一个人也没有。

当初君在东京突然临时起意，想去一个不会被任何人打扰，适合两个人独自听听唱片，彼此倾吐心声的地方，箱根果然是再合适不过的选择。我一边走一边这样想着。

好不容易到达旅馆，赶紧问前台的女招待到底如何才能不绕路，女招待一脸迷茫，完全不明白为什么我迷了路。然而她还是用磕磕巴巴的英语告诉我，车站就在旅馆的旁边，一下子就能走到。至于如何从穿过轨道到达车站的另一侧，则已经超出了她能用英语表达的范围。我一肚子疑惑地回到车站，却猛然发现缆车停站的时候两侧的车门会同时打开，我不过是从错误的一边下了车。最简单的办法是等下一班车来了之后穿过缆车便可以到达另一侧，当地人便是如此做法。问题是缆车大概十几分钟才有一班，若要是想穿过车厢到达轨道另一边，要么按照时刻表出门，要么花上半天等缆车到达。当地人想必早已经习惯了这样慢节奏的生活。

假如长年生活在箱根，即便适应了宁静缓慢的生活，也可能会不时感到寂寞吧。

在箱根转上一圈，难免会生出这样的念头。

也许旅游旺季尚未到来，又或者由于近期的火山活动封闭了大涌谷周围的地区，整个箱根地区完全不像是热门的旅游胜地。和我一同坐登山缆车到达大涌谷站的游客只有三个人，其中一对母女下车后便不知去向，只有一个老人站在观光平台前面默不作声地望着眼前浓绿而开阔的山林。去往芦之湖的接驳巴士开出后，上车的也只有我和一个中年男子。在芦之湖桃源台码头等待观光船的时候倒是不知从哪里冒出来一群学生模样的香港游客，热热闹闹地说个不停。然而厚如棉絮般的云朵将富士山遮挡得严严实实，让所有人都在船行驶一段时间之后便找不到可以聚焦目光的地方，从而陷入了集体性的安静。如果看不到富士山，芦之湖不过就是一个普通的山间湖泊。好在湖水十分清澈，映着蓝色天光的湖面宽阔而澄净。远处岸边有一座小小的红色鸟居，仿佛生长在水中央。

当船在码头靠岸之后，人群便再次各自散去，只有我留下来等待去箱根汤本的登山巴士。

即便是夏天，这里的日落也来得很早，大概不到五点钟，西

大涌谷由于火山喷发而关闭，只有一名老人眺望着四面的群山。

芦之湖旁的公路。
通往山的深处。岛本仿佛就在清晨时消失
在道路的尽头。

斜的太阳就将芦之湖岸边涌动的浪染成金色，湖畔的神像前开放着的紫阳花也白得耀眼。公路从高高的红色鸟居中间穿过，往两侧都是高大杉木的山中蜿蜒而去。巨大的寂静感悬在高高的杉树枝头，即将随着傍晚的到来而缓缓落下。

在箱根汤本僻静的小店里匆匆吃了一碗酱油拉面之后，我便再次乘坐登山电车返回强罗。

箱根是没有所谓夜生活这种东西的。就算想要看电影，也必须下到山下的小田原城才有电影院。

村上君在《舞！舞！舞！》中也提到了箱根日复一日无所事事的生活。

和雪在一起，其实也没有什么大的节目。我们或者听着音乐开车兜风，或者躺在海滩上呆呆仰望云天，或者在富士屋酒店吃冰淇淋，或者去芦湖划船。然后在时断时续的闲聊当中送走一个又一个下午，日复一日地盯视日月运行的轨迹。简直同退休老人的生活无异。

一天，雪提出看电影。我下到小田原，买报纸来查看。没有什么像样的片子，只有五反田演的《一厢情愿》在2号馆上映。

车窗外，夜幕已经开始降临，列车员和乘务员仍然重复着同样的交换车头车尾的仪式，各种颜色的紫阳花都在夜色中被笼罩上了一层淡淡的蓝。

到强罗恰好赶上最后一班登山缆车，此时不过晚上七点多钟，箱根宁谧而漫长的夜便已经开始了。

在旅馆房间换上有豆绿色花纹的夏季浴衣去露天风吕泡澡。虽然是露天，晚上也只能看到头顶上方一块墨色的天空。不多一会，风雷声响起，树叶摇动不停，雨很快就下成一片。此刻必然应该庆幸自己正独自浸沐在热气氤氲的温泉中。

泡澡回来，只见旅馆的客人大部分围坐在客厅的沙发上，默默无语地低头滑着手机（我住的是老式的温泉旅馆，只有大堂才有 wifi 信号）。

那场景使人相信，对于大多数人来说，箱根是僻静的，远离喧嚣的，同时也是寂寞的。他们今晚已经开始无法忍受没有网络的世界，明天便将迅速地逃离这里，回到热热闹闹、好吃好喝的东京去。

“国境以南，太阳以西。”她说。

“什么呀，太阳以西？”

“有那样的地方。”她说，“听说过西伯利亚臆病么？”

“不晓得。”

“以前从哪本书上看过，初中时候吧。什么书想不起来了……反正是住在西伯利亚的农夫患的病。喏，想象一下：你是农夫，一个人住在西伯利亚荒原，每天每天都在地里耕作，举目四望一无所见。北边是北边的地平线，东边是东边的地平线，南边是南边的地平线，西边是西边的地平线，别无他物。每天早上太阳从东边的地平线升起，你就到田里干活；太阳正对头顶时，你收工吃午饭；太阳落入西边的地平线时，你回家睡觉。”

“听起来同在青山左近经营酒吧的人生模式大不相同嘛。”

“是的吧，”她微微一笑，稍稍歪了歪头，“是大不相同吧。而且年复一年日复一日都是这样。”

在箱根的别墅里，岛本向初君提起了西伯利亚臆病。

每天生活在拥挤嘈杂的东京，恐怕是很难想象四面都是地平线的西伯利亚荒原的。在青山附近抬起头的话，天空底下全是一栋接一栋的建筑。更别说为了经营酒吧过着日夜颠倒的生活，大概永远看不到太阳从地平线升起和落下的场面吧。

“有一天，你身上有什么死了。”

“死了？什么死了？”

她摇头道：“不知道，反正是什么。太阳从东边的地平线升起，划过高空落往西边的地平线——每天周而复始目睹如此光景的时间里，你身上有什么突然咯嘣一声死了。于是你扔下锄头，什么也不想地一直往西走去，往太阳以西。走火入魔似地好几天好几天不吃不喝走个不停，直到倒地死去。这就是西伯利亚臆病。”

我在脑际推出趴在地上就势死去的西伯利亚农夫。

“太阳以西到底有什么呢？”我问。

她再次摇头：“我不知道。也许那里什么也没有，或者有什么也不一定。总之是个同国境以南多少不同的地方。”

说起来，生活在箱根的寂寞自然远远比不上西伯利亚荒原。但要和东京比起来，基本也可以算得上是个“北边是北边的山，东边是东边的山，南边是南边的山，西边是西边的山”这样的地方。

若真要在这样的地方日复一日地生活，恐怕等不到身上什么东西死了，只要哪一天 wifi 死了，所有人恐怕要立刻一路向东地奔向拥挤而又令人焦虑的东京去了。

岛本需求的并不是箱根这样一个暂时逃离现实世界的地方。那终归不过是个“国境以南”一样确实存在的地方。美国的国境以南是墨西哥，从东京一路往西是箱根，无非是众所周知的事情，没有什么了不得的东西。

这样的地方实在太过普通，对于想要完完全全地拥有初君的岛本来说。

只有一切皆是未知的“太阳以西”，才存在着无限的可能性，才值得西伯利亚的农夫为之搭上性命。

而初君所能提供的，只有“国境以南”的箱根而已。

于是岛本永远地消失了，在箱根尚未苏醒的清晨。

第二天早晨，天气竟然出人意料的好。昨晚的风雨不见了痕迹，只有树荫下的土地还潮乎乎地又松又软，阳光穿透绿色的叶子，投下明亮的金色。我沿着洒满斑驳树影的小路步行到强罗公园。公园温室里正举办紫阳花特展，数量和种类多到令人惊讶，足以让人将白色、蓝色、粉色、紫色、绿色的紫阳花彻底看个够。随即又去公园里的体验工房看烧制玻璃的过程。不知道为何，我被穿着制服的工匠所吸引，聚精会神地盯着他们手中在高温下不断旋转膨胀的彩色玻璃。

在这令人屏息静气的时刻过后，一只一只玻璃风铃便诞生了。

我独自坐在庭院里，梅雨季节中难得的明媚阳光照在屋檐下的玻璃风铃上，不时闪动着耀眼的光芒。

一个念头同时也闪过我的脑海：箱根的这一刻，大概将永远存在于我的记忆之中。

国境以南或许有大概存在，而太阳以西则不存在大概。

引文出处

村上春树《国境以南　太阳以西》，上海译文出版社，林少华译。
村上春树《舞！舞！舞！》，上海译文出版社，林少华译。

箱根旅行 Tips

在新宿小田急车站里的游客服务中心可以购买箱根周游券（5140日元，包含两日内东京往返以及无限次乘坐箱根地区交通工具）或者富士箱根周游券（8000日元，包含三日内东京往返以及无限次乘坐富士箱根地区交通工具），方便又划算。

虽然不能体验初君和岛本在箱根别墅的安静生活，选择一间不错的温泉旅馆过夜也可以体会到与东京截然不同的山居生活。

小田原一般仅仅作为去箱根的换乘车站，如果有时间的话也可以在此停留，参观战国时代北条氏的小田原城。小田原城的一角还有一个微型动物园，《舞！舞！舞！》中“我”和“雪”曾经一起在这里看猴子。

《奇鸟行状录》

东京坐标：银座 · 新宿

这样一步步向后发展

相比新宿，涩谷，原宿，青山，表参道，赤坂和六本木，银座这个地名似乎极少出现在村上君的东京故事里。

若以路线划分，村上小说主人公活动的场所大多集中在 JR 山手线西侧和中央线沿线。例如渡边来往于新宿、早稻田和神保町之间；堇和直子住在中央线以西的吉祥寺和武藏野；初君在涩谷追逐岛本的身影；“百分之百的女孩”则现身原宿街头；如果有神秘的女人或组织头目，一般住在赤坂的高级饭店；其余那些不愁吃喝的单身汉主人公们则游走在青山和表参道那些颇有品位的服饰店或西餐厅，不时去六本木的酒吧喝上一杯。

将所有的地名在东京地图上一一找出来，你就会发现，山手线以东繁华的银座、新桥、汐留一带竟然是一片空白。

这恐怕与村上君从来没有穿上西装、打上领带成为上班族有关。新桥和汐留一带相当于东京的中央商务区，大批传统行业的精英人士汇集在此，顺便也成为了毗邻的银座高级百货商场的消费主力军。

银座的高级之感是由品牌和时间打造出来的。从未到过银座的旅人也听说过银座大道两侧那些名字如雷贯耳的老牌百货商店（松屋、三越、和光）和独占一整座大楼的国际高级品牌旗舰店（CHANEL、LV、DIOR），无一不是令人憧憬的繁华和时髦的标志性存在。

从上世纪二十年代，银座就开始逐步确立起其在东京人心中的地位了。新井一二三在《我们这一代东京人》中写过，老一代东京人是从银座的百货商店开始，逐渐认识并接受现代生活方式的。例如银座老铺“木村屋”的红豆面包就是那时小孩子心中最渴望吃到的甜点。那种对于“高级”的憧憬令人觉得似曾相识。上世纪八十年代末，第一家肯德基店在北京王府井开张时，被大人带去在门口排队的小孩子们心中对于神秘的炸鸡和薯条的向往，大概就是如此。

然而如今肯德基已经无法和“高级”或者“新潮”有任何的关系，CHANEL、LV、DIOR 的高级商店也早就在北京落地生根。在不断向后发展的时代里，东京的银座又和从前有什么不同呢？

我们从这里乘地铁来到银座大街。还有点时间，肚子也饿了，两人进“日日皇后”吃了汉堡包。

……

吃罢，两人来到和光前面的地铁入口处坐下，数了两三个小时头发稀疏者人数。坐在地铁入口往下看上下阶梯人的脑袋，确实最能准确无误地把握头发的态势。笠原 May 一报松或竹，我就记在纸上。

我是从皇居搭乘地铁前往银座的。

从皇居前面的广场到二重桥前地铁站的一段路异常安静。硕大的乌鸦飞过精心修剪过的树木和草坪，叫声极其清晰。

搭乘地铁千代田线到达日比谷站之后，需要走过漫长的换乘通道，才能转乘去往银座的日比谷线。差不多是下班的时间，地铁里的行人匆匆忙忙。那时我初到东京，还不熟悉各种地铁线路的颜色和字母标志。可若是在换乘通道里由于略微迟疑一下而放慢脚步，就有被后面的人撞到的可能。要想先躲到一边去也不是件容易的事，大家都在沿同一方向快速行走，如同被湍急的河水裹挟着一样迅速流向下一个站台，必须要十分小心地躲开每一个人，才得以停下来好好研究一下如迷宫一般的换乘通道。

好不容易到达银座车站，出站口竟然就多达二十多个。为了避免花费大量的时间做出选择，我干脆从最近的出口逃到了地上。

幸运的是，我出来的位置刚好是贯穿整个银座的晴海通。银座一丁目到八丁目的街道都被称为银座，晴海通大街刚好位于银座

银座在白天是安静有序的，如同载满了西装革履的上班族的电车。

白色的和光大楼是银座的标志。冈田和笠原 May 在此给经过此地的头发稀疏者分类计数。

四丁目和五丁目之间。晴海通与中央通的十字路口，一抬头就能望见和光百货标志性的白色大楼。

不得不说，纯白色的和光大楼非常醒目又美丽。即便周围都是霓虹灯密集的百货商店，能够称得上是标志性建筑的只有和光。复古式的建筑朝向路口的一面是弧形的，带着一种旧时代的优雅时尚。楼顶的钟塔上镶着发光的精工石英大钟，在夜幕快要降临的时候也能清晰地看见。

也许是工作日的缘故，银座大街上的人并不多。站在路口等待红绿灯的行人大多是一脸严肃的上班族。红灯亮起时，人们面无表情地各自思考自己的事情，绿灯亮起时，人们便急匆匆地通过。

在这样的地方做关于秃头类型的调查再合适不过了。

一律心事重重般低着头的上班族，恰好露出他们稀疏的头顶。

日本的上班族似乎具有自己产生某种沉重气氛的能力。

从羽田机场搭京滨急行电铁往市区去的时候我就注意到了这一点。电车从机场直通大江户线的泉岳寺，经过品川车站的时候，车上便“呼啦啦”地涌入许多穿着蓝色或黑色西装的公司职员。

品川车站是包括新干线在内的多条铁路线的换乘站，加之靠近新桥汐留一带，所以能看见许多出外勤的上班族。

他们年纪大多在三四十岁，也有年纪稍大一点的，全部在六月底的天气里穿着全套的西装和配套的黑色正装皮鞋。除了装束打扮都差不多以外，连面孔都是清一色典型的“中国人印象中的日本中年上班族的模样”（我也不知道这种印象是从哪里来的，但是如果你看过小津安二郎的电影，就一定清楚那种模样）。他们不说话，也不像中国跑外勤的上班族那样不停地接打电话，连手机也不怎么看，就抱着公事包神情凝重地坐在那里。若是只有一个人还好，可怕的是几乎人人如此，电车里的气氛陡然变得厚重了。

我也一下子变得紧张起来，又不好盯着人家的脸看，只好默默地将视线转向窗外一栋连着一栋的住宅。

后来我又在东京坐了无数次各种各样的地铁和电车，渐渐发现车厢里的乘客组成和相应的氛围是随着线路和时间的不同而改变的。例如工作日的早上，搭乘中央线从新宿到吉祥寺的人们，显然上班族的比例并不高。即便有，大概也并非传统大型公司那种需要穿西装打领带的职员。这样的车厢便不使人感到沉闷。若是假日，从新宿往神田去的中央线电车里则大多是有些年纪的阿公阿婆，穿着有些正式的衣服，大概是要去参加老朋友的聚会或是去高岛屋购物的样子。坐在这样的电车中，即便是急行的中央线电车，也让人感到缓慢和悠然。唯有工作日从品川到新桥的这一段地铁里，始终有某种由上班族身上生成的严肃和沉重的氛围，从他们纹丝不动的脸上，一直扩散到整个车厢。即便身上没有穿着相同的熨烫得一丝皱褶都没有的西装衬衫，我也不由得绷紧了后背，心情无端地紧张起来。尽管我并没有要去哪里上班。

难怪村上君说，每次不想出门跑步的时候，他就会对自己说：你又不用和那些上班族一样挤在沙丁鱼罐头一样的电车里去上班，不过是出门跑上十公里，有什么大不了的呢?

当车厢里的大部分上班族在新桥或东银座站下车之后，似乎连车体本身都因为沉重气氛的去除而略微地上抬了一些。

假发公司位于新桥。笠原May在地铁中简单介绍了调查内容。她说就是站在街头数点来往行人秃脑袋（或称头发简约者）的人数，并根据秃的程度分成三个等级。梅——看上去头发约略稀疏者；竹——相当稀疏者；松——彻底光秃。她打开资料夹，给我看里面各种秃例，果然根据程度将所有秃法划分为松竹梅三级。

“基本要领这就明白了吧？就是说秃成什么样的人归为哪一等级？细说倒多得说不完的，大致哪种属哪级该心中有数了吧？差不多就行。”

“大致是明白了。”我信心不大足。

她旁边坐着一个明显达到“竹”级的职员模样的胖男人，显得很不自在地不时往那小册子斜上一眼。笠原May则全然不当回事。

新桥是否真有假发公司我也无从得知。不过我想，就算真的有，恐怕也不至于找人做“松竹梅”的秃头分级调查吧。

日本餐馆中的套餐多以“松、竹、梅”区分等级，“梅”是最普通也最便宜的，“竹”代表高级，“松”则是菜式最为丰盛高级、价格也最贵的。

以此类推将这一套分级体系运用在“头发稀疏者”身上，不免让人会心一笑。

若是秃头达到“松”的最高等级，恐怕一辈子花在假发上的钱也最多吧。

“我负责区分松竹梅，你在旁边当我说松说竹时往调查表上记录就成，怎样，容易吧？”

“倒也是。”我说，“不过这项调查到底有什么用处呢？”

“那我就不晓得了。”她说，“那帮人四处搞这调查的，新宿呀、涩谷呀、青山呀。怕是调查哪条街上秃头人最多吧。或许调查‘松竹梅’人口比例也不一定。反正不管怎样，那帮人有余钱，所以才往这方面开销。毕竟假发是赚钱行当。奖金比那一带的贸易公司还多出好多。晓得为什么吗？”

“这——”

不知道村上君是从哪里得知假发公司里的这些行业秘密的。他本人看起来倒是没有这方面的烦恼，或许为了写小说对此做了一番深入调查也说不定。

“因为假发的寿命实际上相当有限。你也许不知，一般都超不过两三年。最近的假发做得十分精巧，消耗也就格外厉害。顶多两三年一过，就要换新的了。由于紧贴头皮，压得假发下面的原生发比以前更薄，必须换戴更为严实合缝的。这么着——总之就是说——要是你用假发用两年不能再用了，你难道会这么想：呃，这假发玩完了，报销了，可买新的又花钱，也罢，明天开始我就不戴假发上班好了！你会这么想不成？”

我摇摇头：“大概不至于。”

“就是嘛，不至于的嘛。就是说，人一旦启用假发，就注定要一直用下去，所以假发公司才发财的。一句话，跟药品经销商一回事，一旦抓住客人，那人就一直是客人，恐怕一直到死。不是么，你听说哪个秃脑瓜子一下子生出黑油油的头发来？假发那玩艺儿，价格差不多个个都50万，最费工的要100万哩！两年就更新一个，活活要命，这。汽车也还开四五年的嘛！而且不是还能以旧换新吗？可假发周期比这还短，又没什么以旧换新。”

“有道理。”我说。

“再说假发公司还直接经营美容院。人们都在那里洗假发、剪真发。还用说，总不好意思去普通理发店往镜前一坐，道一声‘好咧’取下假发叫人理发吧，话说不出口嘛。光是美容院这项收入都好大一笔。”

“你知道的事可真不少！”我叹服道。她身旁那位“竹”级职员模样人物全神贯注地听我们谈话。

这段关于假发公司的生财之道十分简练地道出了高度发达的商业社会的精髓。

首先调查市场需求，并且细分松竹梅的等级，了解每个等级的分布，以便生产出精细针对客户需求的产品。然后研究客户心理，抓住其弱点展开猛烈的攻势：一旦开始用假发的人，便再也不可能不带假发去上班。只能老老实实掏钱、购买只能用上两三年就必须淘汰更新的昂贵假发。这还不算完，假发公司连如何避免去理发店摘下假发的尴尬情景都替客户想到了，顺便开起了美容院，将秃头的所有需求全部纳入其赚钱的范畴。

这还只是日本上世纪八十年代的商业模式。

如今，较之过去更为全方位满足顾客需求的消费场所已经在银座落地生根了。

因为答应了帮别人带东西，我光顾了银座的 FANCL。

这家店的主打商品是以“纯天然无添加”为卖点的护肤品。现代人大多对于防腐剂有一种莫名的恐慌，因此这一品牌吸引了相当多的女性用户。

然而让我感到震惊的是，FANCL 位于银座的店面远远不止是一家售卖护肤品的商店，而是整整一栋十层的大楼。

除了在一层售卖招牌的护肤品之外，其余楼层还出售胶原蛋白一类的保健品，提供皮肤检测的服务，甚至还直接开起了美容院和主打有机蔬菜的餐厅。

如果你是相信纯天然能够拯救一切的人，那么你大概要在这里乖乖献出你的全部金钱，用以换取纯天然的洗面奶，纯天然的减肥药丸，纯天然的瘦脸针以及纯天然的胡萝卜。

村上君在《一九六三／一九八二年的伊帕内玛少女》中提到过一个高中时期的女性朋友，她对于吃什锦沙拉有着执着的信念。

距离银座只有两站地铁的皇居前广场，安静得令人诧异。很难想象相隔不远就是极为繁华的银座。

她是一个所谓信念型的人，她绝对相信只要均衡地摄取青菜，其他一切都会顺利。人类如果继续吃青菜，世界就永远和平美丽、健康而充满爱心。

这样的人在二十一世纪恐怕有增无减。

那么自然会有公司注意此种对于“纯天然”有着绝对信念的人们的，针对他们的爱好生产相应的商品，提供相应的服务。并且盖起高高的大楼，让走进其中的人们从头到脚、从里到外都体会到“纯天然”的享受，然后在离开时掏空他们的钱包。

这样的店铺当然要开在银座，才能令怀揣绝对信念的人们相信自己的选择是高级的，而且走在时代前沿的。

我相信，这恰恰就是银座能够在不断发展的东京始终保持着“最繁华商业区”名号的秘密。

笠原 May 从短裤袋里掏出短支“希望”，拿火柴点燃，不声不响吸一会烟，然后盯住我问：“你头发没有变稀？”

我下意识地摸了下头发。

“不对，”笠原 May 说，“不是那儿，是额头上边。你不觉得后退得过分了？”

“没太注意。”

“肯定从那儿秃上去，知道的，我。你这种情况，要这样一步步向后发展。”她一把抓起自己头发往后拽着，把露出的白额头对着我。“最好注意些。”

我试着把手放在自己额头上边那儿。经她如此一说——也许神经过敏——额上的头发是好像比以前多少有所后退。我有点沉不住气。

“叫我注意，可怎么个注意法呢？”

“噢，实际上也是没办法注意的。”她说，“没有针对秃头的对抗性措施。秃的人秃，秃的时候秃。就是说，无可抗阻。不是常说精心护理就可以不秃的么？纯属扯谎骗人！不信你去新宿站观察一下那里横躺竖卧的流浪汉伯伯好了，一个秃的都没有。你以为那些人会每天每日用什么克里尼克什么萨森洗发香波？会每天每日咔嗤咔嗤涂什么护发剂？那玩艺儿不过是化妆品厂家花言巧语、存心用来从头发稀少人的口袋里掏钱罢了。”

银座旅行 Tips

如果你想买高档商品，银座是游客最好的选择。商店里往往有中文服务，甚至雇佣在日本的中国人做导购员，不用担心语言障碍的问题。各种奢侈品的旗舰店也聚集在银座，可以买到最新最全的商品。和光大楼本身也是百货公司，售卖精工和其他高级钟表以及珠宝。知名老字号甜点店“木村家”就在和光百货旁边。

东京地铁银座线和日比谷线的银座站是距离和光最近的地铁站。和光前面有三个地铁站出口，分别是 B1、A9、A10。不知道冈田和笠原 May 是在哪一个地铁口数秃头的呢？

时代总在一步步向后发展，如同秃的人总要秃。

银座依然是银座。

从 FANCL 慢慢走回晴海通和中央大街的十字路口，对面白色的和光大楼在彻底黑下来的夜空下显得更加醒目。闪闪发光的精工大钟向人们展示着永远准确无误的时间，从地铁口上来的低着头的上班族却并没有看见。

我在地铁口站了一会，没看见——哪怕一个也好——任何可以称得上是“梅”级别的“头发稀疏者”。

如此众多的人各有各的去处与归宿

走在新宿本身就是一件十分容易让人迷失的事情。

这种迷失不仅仅指在看起来高度相似的百货公司大楼和闪烁不停的招牌之间迷路，也包括倘若你不小心一头扎进其中一间店铺而难以自拔的情形。

譬如新宿车站旁边的那间纪伊国屋书店，即便明知里面的书一本也看不懂，还是会被其图书的陈列方式，独特的封面设计或是五花八门的题材莫名其妙地吸引。等猛然发觉时，已经是店家关门谢客的时间了。又或者是钻进一条餐馆林立的小巷，同一座楼上每一层都有不同的店家。一楼是天妇罗盖饭，二楼是炸猪排，三楼是文字烧，四楼往上是居酒屋和高级料理。各种各样卖相诱人的食物图片给人的吸引力丝毫不亚于歌舞伎一番町里风俗店前的招牌。即便此刻饥肠辘辘，你也很难不陷入选择困难症的泥潭。

这种将巨大的信息量同时展现在你眼前的方式，就是我们所生活的文明社会存在的直观证明。

东京正是这种高度发达城市的范本，新宿则是其中最浓缩的一点。

在《奇鸟行状录》中，主人公冈田亨正是通过在新宿街头徘徊多日来将自己和现实世界重新建立联系的。

我闷在家中左思右想。想得累了，便出门在附近走来踱去。漫无目标地连走三四天。附近走得累了，就坐电车到新宿——到了车站附近又想上街看看，好久没上街了。在与平日不同的风景中思考问题倒也不坏。想来，已很长时间没乘电车了。我把零币投入自动售票机时竟觉得有些别扭，像在做一件生疏的事。回想起来，最后一次上街距今至少已相隔半年之久了。当时在新宿西口发现并跟踪一个提吉他盒的汉子。

从故事的开端来看，冈田亨又是一个典型的“村上式”主人公。年届三十，辞去了工作，与妻子和猫一起生活在东京近郊的高圆寺。因为不用发愁生计，得以远离令人“一生势必在那里消失殆尽”

的工作，暂且赋闲在家。每天的工作包括做三明治、煮意大利面、熨烫衬衫……没事基本不出门。即便出门，活动的范围也仅限于附近的超市、洗衣店、图书馆和游泳池。整天见到的人无非是家庭主妇、老人小孩或商店店员，匆忙赶去上班的公司职员倒是难得一见。

虽然同样在东京，这样简单的生活俨然与新宿所在的东京处于完全不同的平行世界。

也可以说，这是另外一种版本的“世界尽头与冷酷仙境”。

冈田独自在家时所处的世界充满了种种显而易见的不现实感。莫名其妙打来电话的加纳马耳他和加纳克里他姐妹，隔壁不上学的孤僻少女笠原 May，突然造访讲述诺门坎战役的间宫中尉……无论如何都让人觉得难以置信。

在现实世界里，他的妻子久美子消失了。

为了抵达妻子所在的另一边的世界，冈田爬下深深的井底，在那里思考久美子的去向，却险些被加纳克里他拖入更为遥远的希腊。

相较到处是穿着煞有介事的西装、打着煞有介事的领带的上班族，碧海蓝天的希腊克里特岛显然更具吸引力。然而那终究是那边的世界，说白了不过是逃避罢了。若想找回出走的妻子，只能从现实的世界开始一点点着手。

久未目睹的城市的拥挤混杂令我怵目惊心。光看人流便几乎透不过气，心跳也有些加快。上班高峰已经过去，理应不至于那般拥挤，但刚开始我竟无法顺利穿过。那与其说是人流，莫如更使人想起摧毁山体冲走房屋的滔滔巨浪。在街上走了一阵，为使心情镇定下来我走进一家镶有玻璃墙幕面朝大街的酒吧，靠窗坐定。上午，酒吧尚不拥挤。我要了杯热咖啡，茫然望着窗外来往的男男女女。

永远涌动着滔滔巨浪般人潮的新宿街头，简直就是现实世界的最佳代言。

说起来，新宿的混杂主要是由于汇集了各种各样的人。不同于全是年轻人的涩谷，也不同于到处是高档寿司店的银座，新宿街头能看到几乎所有类型的面孔：穿着千篇一律西装的写字楼的职员，一家老小全部在一兰拉面门口排队的观光客，下课后心情不错的大学生，坐在地铁口一言不发的流浪汉。对于总是独自一人在家几乎与世隔绝的冈田来说，乘电车来到新宿，简直像是在黑漆漆的井底推开一扇门，门里立刻有人跳出来大喊："Welcome to the real world!"

午休时间酒吧人多起来，我便走上街头。并无地方可去，只想逛逛久违的闹市区。从这条街到那条街，头脑里想的只是别撞上对面来人。由于信号关系以及自己的兴之所致，或右拐或左转或径直前行。我双手插进裤袋，全神贯注地从事行走这一物理作业。从排列着百货大楼和大型超级商场橱窗的通衡大道，走进挤满花花绿绿色情商店的后街，走进喧闹的电影一条街。继而穿过静悄悄的神社，重新折回主要街道。暖洋洋的午后，人们差不多一半没穿大衣。我甚至可以感觉到时而吹来的风的惬意。注意到时，我已经站在似曾相识的场景中。我看着脚下的瓷砖地面，看着小巧的雕像，仰视眼前高耸的玻璃墙幕——我已置身于一座大厦前面的广场正中。这正是去年夏天我按舅舅意见日复一日观察来往行人面孔的老地方。持续观察了10天。最后碰巧发现一个手提吉他盒的奇妙汉子，尾随其后，在一座没有印象的宿舍楼门口被棒球棍打伤左臂。漫无目标地在新宿街头转了半天，结果又返回了这里。

在新宿街头，冈田重新找回了自己的欲望，重新感受到自己活在有阳光和风的午后。这看似微不足道的感觉，不正是现实世界小而确实的意义吗？以此为契机，冈田继而想起自己曾经日复一日地在新宿街头观察来往的行人。那一次他邂逅了神秘的男子，并且莫名其妙地被人用球棒打伤。这一事件使他下定决心留在现实的世界里，和带走久美子的人斗争到底。

从《寻羊冒险记》到《舞！舞！舞！》再到《奇鸟行状录》，村上小说中的主人公终于主动迈出了第一步。

初到东京的时候，我住在靠近神田的小传马町附近。虽然离东京站和日本桥都不太远，但街上几乎永远空空荡荡。下雨的午后，还能听到车轮擦过湿润地面的声音。从地铁站到酒店的路上，可

新宿车站的地下通道连接各个站台和出口，是个超级庞大的迷宫。

以吃饭的地方除了价格昂贵的居酒屋，就只有一间吉野家了。晚上路过居酒屋，从里面走出来的都是西装革履的上班族，也不太像喝醉的样子，一脸严肃地站在路边等出租车。

从这里一路走到更为空旷的皇居，难免让人心生怀疑，东京的三千万人口都到哪里去了？

搬去新宿的日式旅馆之后，每天来往与新宿的人潮之中，这个疑问才算得到了解答。

尤其是新宿车站一带，不分日夜，不分平日与周末，无论什么时候经过，人数似乎都不会减少。

新宿站是个巨大的车站。一天总计有近350万的人流通过这个车站。吉尼斯纪录官方认定JR新宿站是“世界上乘客最多的车站”。有几条线在这一站内交汇，仅主要的就有中央线、总武线、山手线、琦京线、湘南新宿线、成田快线。这些轨道极其复杂地交叉、组合在一起，站台一共达十六个之多。再加上小田急线、京王线两条私铁的线路和三根地铁线互相支线交错着。实在是迷宫。上下班高峰，这个迷宫便人山人海。波涛汹涌、狂风怒号的人海朝着入口、出口蜂拥涌去。换乘的人群移动错综复杂，还会出现危险的漩涡。不论是怎样伟大的预言家，都不可能把这片翻腾汹涌的人海分成两半。

根本叫人无处可逃，只能硬着头皮面对的，就是现实世界啊。

多崎作说得对，来到9、10号站台，人群一下子不见了。

每隔几分钟就出现一次的中央线橙色列车。在停车的短短一两分钟内，数以百计的人被中央线列车吐出又吞进去。

于是，冈田在新宿开启了现实和非现实之间的开关。

新宿是个值得花时间好好闲逛的地方。说不定在哪个角落，你就能在无意间发现这个转换器的开关呢。

若要专门去一个地方的话，我会选 JR 新宿车站9、10号线的站台。

因为那是《没有色彩的多崎作和他的巡礼之年》中多崎作最喜欢的地方。

多崎作很喜欢眺望 JR 新宿车站。

只要去新宿站，他在售票机上买了入场券，差不多去的都是9、10号线的站台，那里是中央线特急列车的发车点，是去松本或是甲府的长距离列车。和上下班乘客为主的其他站台相比，这里的上下车人数远少得多，列车的出发进站也没那么频繁。作能够坐在长椅上，静静地观察车站的状况。

我在新宿站只搭乘过 JR 的中央线和山手线，外加私铁的小田急线。JR 线的换乘相对简单，小田急线又有单独的入口和出口，因此对于庞杂的换乘路线并无深刻的体会。我也不知道自己算不算赶上过日本工作日的上班高峰，就我个人的经验来看，东京的地铁没有想象中得那样拥挤。车站里挤满翻腾汹涌人海的场景，还是用来形容北京的地铁站更为适合。相比起来，新宿车站的人潮顶多是汇入大海之前的河流，水量还不算特别丰沛。

JR新宿车站吸引我的地方在于，它并非位于令人气闷的地下，而是可以在繁华的市中心眺望到远方铁轨的所在。

跟着车站里清晰的标示，我很容易就找到了9、10号车站的月台。车站的一侧停着开往甲府的特急列车，另一侧的轨道上什么也没有，可以直接望见相邻的11、12号中央线的月台。繁忙无比的中央线平均每两三分钟就有一辆列车经过，每次列车停下的短短数十秒内，都有无数的人被从车厢吐出，再吸入几乎同样数量的在月台上等车的人。然后列车开走，下车的人各自散去，前来等车的人又逐渐聚拢，如此周而复始。

特级列车一边减慢速度一边驶入站台。车门打开了，乘客陆续从车上下来。只是看着这样的场景，多崎作的心情就会变得满足而平静。发现列车按照时刻表准时到达了的话，就算这不是自己所在的铁道公司的车站，多崎作也会感到一种自豪，只是一种平稳而毫无虚华炫耀的自豪。清洁人员迅速地进入到站的列车中回收垃圾，把座位打扫干净。头戴帽子、身着制服的乘务员麻利地继续着工作，准备着下一班列车出发的准备。他们更换了车身上目的地的标志，给列车换上新的号码。这一切都是以秒为单位，极为有序、精练而毫不停滞地进行着。这正是多崎作所属的世界。

多崎作说得对，观看这样的场面竟然能奇迹般地令人觉得平静。

日本的铁路系统到底如何运作是一个不解之谜。列车到达的

在逼仄的城市建筑之间，站在9、10号站台依然能看到伸向远方的铁轨。多崎作就在这里思考着自己的人生。

电车里上了年纪的车长，专心致志地驾驶电车，维系着东京电车庞大铁路网运行时刻的精准。

时间与指示牌上的时间分毫不差。一旦有延误，指示牌便立刻亮出“晚点”的字样。然而即便是晚点的情况，列车也依然一辆接一辆地驶入站台，不过是间隔稍微长了一分钟左右。如果说只有一条直线或是环状线的铁路，做到这一点也许并非难事。可是在这座车站运行的铁路线足有十几条之多，能够如此精确掌控列车时间和交汇顺序的系统，精密程度简直堪比人类的大脑。

即便不是铁道迷，我也被新宿站的铁路系统深深吸引。

特别是当站在月台上眺望着齐齐伸向远方的十几条铁轨时，难免会产生“这样庞大复杂的机械系统竟然如此一丝不苟地运作”的感慨。

从新宿站各条铁路线的车厢里被吞吐出的人群，走过站台，通过楼梯，穿越新宿车站地下迷宫一样的通道，再从新宿车站各个出口来到地面，去往各自要抵达的目的地。

现实世界就这样得以有条不紊地运行着。

九号线一如平素，开往松本的末班特快列车正准备出发。

离完成乘车准备还有些时间，要乘坐这趟车的人们匆匆忙忙在小卖店里买便当、点心或罐装啤酒，准备几本杂志。也有人将 iPod 的白色耳机塞在耳朵里，让即将上路的自己有个专属的小小世界。到处都有人用指尖灵活地操作智能手机，或者用不输于站内广播的声音冲着手机吼叫，在跟什么人联系。还有似乎是结伴外出旅行的年轻情侣。他们在长椅上并肩依偎，幸福地小声说话。

一对五六岁的双胞胎兄弟满脸睡意，被爸爸妈妈牵着手，从作面前快步走过。他们各自拿着小小的游戏机。有两个背着沉甸甸的大型背囊的外国青年。还有抱着大提琴匣的年轻女子，侧影很美。乘坐夜行特快列车奔赴远方的人们。多崎作心生几分艳羡。他们毕竟还有自己的去处。

多崎作却没有自己的去处。

多崎作也和村上小说中所有的主人公一样，远离故乡，几乎从不和家乡的父母或亲戚往来，只是在东京过着井然有序、平稳宁静的生活。作从不向人提起家乡的朋友，以及在二十岁时被朋友背叛抛弃以至于险些死去的经历。对于东京这样的大都市来说，似乎每个人都有无法言说的过去。然而在新宿车站，他们不过是茫茫人海中微不足道的其中一员，没有名字，也没有故事。

对于作来说，这样的东京是一个理想的所在。

虽然并非是作主动选择了东京作为自己的新天地，但是东京的存在，足以给予作包容与宽慰。因为东京“规模大得过头，内容的多彩多样也差距悬殊。不论做什么都有太多选择”。即便像作一样一个人跑到车站，研究它们的结构，为它们画素描，把注意到的事情记在笔记本上，也不会有任何人产生异议。又或者像冈田一样，花一整天的时间坐在新宿，什么也不做，只是观看来往行人的面孔，在反反复复的相同景象中确认自己身处现实的世界。

我站在新宿车站的站台上眺望远方的铁轨，中央线和山手线的列车每隔几分钟就呼啸而过。对面站台上的人群如潮汐一般，一会聚集起来，一会又消散不见。列车最终随着铁轨一起消失在楼宇之间，那看不见的地方仿佛遥远的海平线，你永远不知道尽头在哪里。

那景象让人在得以在日复一日的平凡场景中，认真地思考起过去与现实。

人们不知来自何处，源源不断地赶来，自觉地整齐排队，秩序井然地走进列车，被运往某地。如此众多的人在这个世界里实实在在地存在，作首先被这个事实感动。继而为这个世界上居然有如此众多的绿色列车而感动，他觉得这简直是奇迹。如此众多的人被如此众多的列车若无其事、秩序井然地运来运去。如此众多的人各有各的去处与归宿。

新宿车站旅行 Tips

对于铁道迷来说，在月台上看着不同型号的列车来来往往本身就是很有意思的一件事情。即便不是铁道迷，如果经过 JR 新宿车站，不妨下车去9、10号站台走一走，那里的开阔的视野能带来震撼的体验。新宿车站是非常庞大的一座建筑，除了不同电车线路的乘车和换乘，甚至包含了小田急百货和京王百货。如果能不迷路地走到新宿站东口，一出来就能看到纪伊国屋书店醒目的招牌。往南经过两个路口就是著名的一兰拉面。这间店在地下一层，但是排队的人会一直排到路口，很远就能看见。

在夏夜的新宿车站，停靠着即将启程去松本的长途列车的九号站台，作也这样思考过自己的人生。

作听从沙罗的建议，时隔十六年后，终于鼓起勇气走访了当年抛弃他的朋友，也因此得以明白，每个人都背负着不同程度的创伤。区别只在于是否能告别过去，在现实世界里的某个地方，重新构筑起自己的人生。

不知道新宿车站的建造者是不是一个如多崎作一样的人。无论怎样，他大概没想到，新宿车站对于多崎作、对于村上君、对于造访东京的旅人，还有作为交通枢纽之外的特别意义吧。

引文出处

村上春树《奇鸟行状录》，上海译文出版社，林少华译。
村上春树《没有色彩的多崎作和他的巡礼之年》，南海出版公司，施小炜译。

《遇到百分之百的女孩》

东京坐标：原宿

仅仅是擦肩而过

六月一个晴朗的早晨，我在原宿的一条巷子里，同村上君擦肩而过。

这当然只是我的想象而已。

这个六月的早晨确实十分晴朗，阳光明亮到有些刺眼，仿佛昨天的雨是东京梅雨季节里的最后一场雨。

周日的原宿车站熙熙攘攘，衣着俏丽、打扮夸张的年轻女孩和东张西望的游客交织在一起，还能看见穿着传统和服去明治神宫参加婚礼的男女。这样的混搭让人有些不知所措。我站在原宿车站前面的十字路口，花了好一会工夫才眯着眼睛在刺眼的阳光下分辨出方向。

现在想来其实一眼就该看出来的，还保留着旧时木造风格的原宿车站背后便是浓荫环绕的明治神宫，而对面有着亮闪闪玻璃幕墙的GAP大楼则明显是年轻人的逛街天堂——竹下通。

从原宿车站出来的人们自然而然地分开，去往各自的目的地。化着夸张妆容的少女们兴高采烈地穿过十字路口往竹下通去了，身着整齐套装的爸爸妈妈牵着同样西装革履的小朋友则右转去往明治神宫。除了我们这样看什么都新鲜的游客，没有人互相品头论足。

其他游客来此多半是为了参观明治神宫，顺路在原宿一带逛街。

我则怀抱令人兴奋的期待，盼望在这个六月的早晨，在原宿街头遇见百分之百的女孩。或者，遇见村上君。

在去明治神宫许下这个愿望之后，我返回原宿车站前，从竹下通开始在原宿的散步。

竹下通不过是一条并不宽阔的街道，然而店铺和人群的密度绝对超过普通街道的三倍还不止。从写着“Takeshita Street”的路口望过去，满街都是红色和粉色的招牌，极其年轻的穿着格子短裙的初中和高中女生随处可见。以至于我这等年纪的人一看便知道是游客。

虽然人多，竹下通的喧闹却明显与涩谷不同。竹下通两旁的店铺卖什么的都有，大部分是十几岁年轻人所喜欢的闪闪发亮的配饰和颜色俏丽的衣服。比如只要一千日元的粉红色超短裙，或者样式夸张到难以想象要在什么场合佩戴的帽子。当然也出售华丽精美的

竹下通入口。从这里开始，欢迎进入女中学生心目中的梦幻乐园。当然，非女中学生可能不能明白个中奥秘。

Cosplay 服装的专门店。奇特的是，这里令人感觉不到涩谷街头那种强烈的嘈杂气息。那气息是由每个人身上散发出的汹涌澎湃的消费欲望所产生的。即便只是站在涩谷的十字路口，也能感觉到那种几乎要将人卷入其中的狂潮。人们在分辨不出是什么的音乐中匆匆忙忙地购买着你能想象到的一切商品，在每一家可以吃饭的餐馆门口排队用餐，闪烁的霓虹灯招牌照亮整个世界。与之相比，周日早上的竹下通要单纯得多。女中学生们将头发绑成双马尾，三三两两地走在路上，只看见她们有说有笑，却并不见她们买了什么东西。仿佛她们特意将自己打扮得漂漂亮亮，只是为了在难得的周日和同伴一起逛逛街：买两双坠着毛球的长袜，吃上一份卡哇伊的可丽饼，再发一张精心修饰过的自拍照。

对了，竹下通到处是各种各样的可丽饼。

这些堆满了奶油水果巧克力蛋糕的可丽饼简直就像是专门为中学女生而存在的一样。她们在烈日下排着长队，极富耐心地等待自己精心挑选的那份可爱又美丽的可丽饼。

队伍本身极具观赏性，几乎清一色是各种粉红萝莉装扮的女中学生。

然而沿着长长的队伍走到头，发现大家不过是在排队等可丽饼，难免令人大失所望。

可以说，竹下通的可丽饼是鉴别你是否还怀有一颗少女心的试金石。

那颗试金石显然对我没有什么吸引力，我可是要留着肚子去青山的“MAISEN”吃炸猪排呢！

早已上了年纪的村上君选择的则是啤酒和炸虾面。

5点，我去原宿散步，在竹下大街寻找爱尔维斯纪念章，好半天也没有找到。吉斯也好、爵尼梅丹也好、AC/DC也好、摩托头也好、迈克尔·杰克逊也好、王子也好——这些无所不有，惟独没有爱尔维斯。到第三家店，总算发现了“ELVIS，THE KING”，遂买了下来。我开玩笑地问店员有没有“SLY & THE FAMILY STONE”纪念章。那位扎着小包袱皮一般蝴蝶结的十七八岁女店员愣愣地看着我的脸。

有趣的一点是，“扎着小包袱皮一般的蝴蝶结”这种打扮依然出现在东京十七八岁女高中生的身上。我还真的在可丽饼排队的人群中看到了这样的女孩：扎着夸张的双马尾，上面系有超大的红色蝴蝶结，粉红色连衣裙上装饰着精巧的白色蕾丝花边和缎带，连腮红也是甜美的桃红色……总之是典型的萝莉装扮。这当然不是女高中生的日常装扮，然而也不像是专门的cosplay，大概是为周日竹下通的盛装舞会而准备的吧。

之后，我在“钓冈”饭店喝了杯啤酒，吃了碗炸虾面。如此一来二去，时间不知不觉地流逝，到了黄昏时分。日出日落，晓暮晨昏。我作为一个平面大力士，无所事事，兀自大口大口地吞食

出自宫崎骏之手的原宿车站，位于明治神宫和竹下通之间。

竹下通里以贩卖夸张鲜艳并带有异国情调服装闻名的「竹之子」服饰店。上世纪八十年代初，喜欢这种服饰的年轻人聚集在原宿街头进行团体风格的舞蹈表演，被称为「竹笋族」或「竹之子族」，一度在整个日本都蔚为风潮。

虚线。我觉得事态毫无进展，觉得自己没有接近任何地方，倒是中途又生出了无数伏线，而同关键的喜喜却彻底线断缘绝。我觉得自己只是在岔路上长驱直进，只是在接触主要事件之前的小品演出上白白耗费时间和精力。然而主要事件又在何处上演呢？果真在上演不成？

《舞！舞！舞！》中的“我”想要追寻喜喜的去向，却苦于没有线索，只好毫无头绪地在原宿逛街，吃炸虾面。面对和自己有着巨大年龄代沟的年轻女店员，心情恐怕更加焦躁。这种时候当然只能喝啤酒吃炸虾面，可丽饼是属于幸福的女高中生的。

排队买可丽饼的女中学生才不会思考“事态有没有进展，日复一日的生活究竟有什么意义”这种问题。只是满心欢喜地等待一份可丽饼的单纯心情是多么令人羡慕。

竹下通是年轻人的世界。十七八岁的女店员不可能知道活跃在六七十年代的 SLY & THE FAMILY STONE 乐队，如同我不可能明白可丽饼的妙处在哪里。

出了竹下通之后，人群便一下子不知道消失在什么地方了。原宿的街巷，又恢复了东京常见的安静。

在刚才那种地方真能遇见百分之百的女孩？我不禁疑惑起来。

转念一想，大概就是要在那种地方遇见，才能说是命运的指引吧。

《遇到百分之百的女孩》里也只提到了“原宿后街”这个地点，无从得知确切的位置是在哪里。

我是在花店门前和她擦肩而过的，那暖暖的小小的气块儿触到我的肌肤。柏油路面洒了水，周围荡漾着玫瑰花香。连向她打声招呼我都未能做到。她身穿白毛衣，右手拿一个尚未贴邮票的四方信封。她给谁写了封信。那般睡眼惺忪，说不定整整写了一个晚上。那四方信封里有可能装有她的全部秘密。

走几步回头时，她的身影早已消失在人群中。

此刻走在这样安静的巷弄里，我不免开始想象，从对面转角随时可能出现的“百分之百的女孩”。

虽然周围没有花店也没有邮局，只有接近正午的灼热阳光白花花地照耀着空荡荡的街道。我依然越来越坚定地相信，只要我一直由西往东走，在下一个街角就会遇到“百分之百的女孩”。

她由东往西走，我从西向东去，在四月里一个神清气爽的早晨。

我们相遇，短暂地擦肩而过，有无数的话语藏在心里没有能够开口说出来。

然而那一个短暂的瞬间，连一句话都没来得及说的瞬间，已经达到了我们所能想象的浪漫的极致。

关键就在于那些没有说出口的道白，自“很久很久以前”开始，而以“你不觉得这是个忧伤的故事吗”结束的旁白。

在那些话语里，有着两人在无数可能性之中唯独在此相遇的所

在竹下通后面的巷子里到处乱走，期待百分之百的女孩在街角出现。

原宿后街神谕般的涂鸦。
尽管没能开口讲出想象中得对白，与百分之百的女孩擦肩而过的那一刻已经是永恒。

有命运的原委：里面肯定充满和平时代的古老机器般温馨的秘密。

无论以何种形式说出口，这个故事恐怕都不会如此令人感伤。百分之百的女孩变成百分之九十的女孩，百分之百的男孩也变成百分之八十的男孩。两人各自再次经历百分之七十五的恋爱。而百分之百的两人之间百分之百的爱将永远存在于另一种可能性之中：那天我们擦肩而过。

“什么都没有做。”我说，“仅仅是擦肩而过。”

原宿旅行 Tips

乘坐 JR 山手线到原宿站即可。原宿车站是宫崎骏设计的，本身也值得一看。还可以顺便参观明治神宫，周末去的话很有可能会遇到结婚典礼，婚礼传统的服装和仪式都很值得一看。

竹下通本身只是一条不长的街道，大部分游客只是停留在入口处的大牌子拍照。竹下通的店铺定位是十几岁的青少年，平价的首饰、内衣、帽子、玩具都很受欢迎。可丽饼店很多，外表看起来越漂亮越梦幻的人气越高。还有一间售卖现做卡乐比薯条的店也有很多人排队。

在寻觅百分之百女孩的路上，我走过一条条看似相同但总能发现令人觉得有趣的事物的街巷，经过里面有冰凉冰凉碳酸饮料的自动贩卖机，经过门口有设计独特纹章的精品店，经过戴遮阳帽穿白色连衣裙的女孩和她同样穿戴不凡的男朋友，直到走到一条三岔路口。

三岔路口呈“Y”字形，要么向南走，要么向北走，总之再不可能由西向东走，也再不可能遇见百分之百的女孩。

对面的墙上不知道被谁画上了巨大的涂鸦，以神谕般的语气向我宣告：NOW IS FOREVER。

一面墙上写着“NOW IS”，另一面墙上写着“FOREVER”。

等待遇见百分之百女孩的时刻，便是人生永恒的“FOREVER”。

那一刻，我相信这里就是村上君的“原宿后街”。

我仔仔细细地欣赏了一阵这幅堪称杰作的涂鸦，沿着写有“FOREVER”的那面墙向南走去。

希望可以借此将此时此刻变成永恒。

引文出处

村上春树《遇到百分之百的女孩》，上海译文出版社，林少华译。
村上春树《舞！舞！舞！》，上海译文出版社，林少华译。

《舞！舞！舞！》

东京坐标：青山 · 表参道 · 镰仓

生在深沉的虚无中沉没

之所以说会期待在青山附近遇见村上君，是因为村上君的工作室就在离原宿不远的青山一带。他大概经常在附近的涩谷、原宿、表参道一带散步。这一散步路线在《舞！舞！舞！》中反复出现：

我边走边回想五反田在喜喜背上那修长而匀称的十只手指。步行到原宿之后，我穿过千驮谷走到神宫球场，又从青山大街走到墓地下。到得根津美术馆，从《费加罗报》前面通过后，再次走到纪伊国屋，最后经仁丹大厦返回涩谷。距离相当不短，到涩谷已是薄暮时分。站在坡上望去，只见各色霓虹灯开始闪烁的街道上，身裹黑乎乎风衣的面无表情的公司职员，犹如溯流而上的冷

表参道旁边巷子里风格独特的建筑。里面竟然是出售高级时装的商店，令人叹为观止。

冰冰的鲑鱼群，以同样的速度游动不息。

我沿着原宿的巷子一路向东，往神宫球场的方向走。途中稍微往南拐一点，便是表参道了。

越靠近表参道的地方，周围店铺的风格越明显。有后现代的流线型风格，有传统日式的木造墙壁和绿色的竹篱，也有极富西洋复古风的城堡式大门。无论里面是售卖具有设计感时装的服装店，或者是温馨明亮的咖啡馆，店主似乎都极力在通过建筑本身标榜着自己的与众不同。

来到这个相对多元化的街区，让我感到松了一口气。这里没有原宿竹下通一带强烈而统一的“年轻化”的标签，即便如我一样对高档设计时装没有什么兴趣，随便逛逛也一样令人兴味十足。

一路穿过这些令人目不暇接的店铺，巷弄的尽头便是表参道和青山大街交汇的十字路口了。

虽然没有从明治神宫门口的表参道一路走来，只是站在这里张望一下路边的招牌就知道，那不是适合我的消费场所。

Louis Vuitton、Prada、Dior、Dolce & Gabbana。

这些国际大牌天然带有一种高冷的疏离感，在青翠的树荫后面若隐若现地只露出几个招牌上的字母，也能让人立刻知道它所代表的不凡身价。

惯于在这种场所购物的人是什么样子呢?

我留心观察街上的行人。然而路过的无非是些打扮得体的日本人，并非银座或日本桥附近上班族那种西装革履的装扮，却也缺少吉祥寺附近那种悠然自在的轻松，而是有一种精心装扮过却又想要装作若无其事的微妙氛围。

走在青山大街上，这种感觉便更加强烈。两旁店铺的建筑风格简洁却富有质感，使人俨然感到自己正走在一条身价不菲的路上。

对面走过来一个中年大叔，个头不高，平头，身穿看起来刚刚从店里买来的崭新白色 polo 衫。

既然村上君的工作室就在青山一带，所以那个对面走过来的大叔就有可能是村上君吧？

我眯起眼睛仔细看了看。然而大叔太过年轻了，大概是二十年前的村上君吧。前方那个男子的背影倒是更像一些。男子上了年纪，头发已经花白，然而身材保持得很好，短袖 T 恤下面能看出结实的肌肉。

难道青山附近真的是传说中的高级社区？住在附近的人全都吃蔬菜，努力运动，买所谓“虽然看上去普通但是一伸手就知道剪裁精良”的昂贵 polo 衫？

那大概就是富有阶层的生活方式吧。我不禁感叹道。

这样就不难理解为什么青山商店售卖的莴苣都和别处有所不同了。

午前，我去青山的纪国屋商店买东西。到停车场，我把“昴星”停在“萨勃”和“奔驰”之间。可怜的老型“昴星”，活像我本人这副寒酸相。不过在纪国屋采购我倒是很喜欢。说来好笑，这家店的莴苣保鲜的时间最长。为什么我不清楚，反正就是这样。说不定是闭店后店员把莴苣集中起来施以特殊训练的结果。果真如此我也毫不惊讶——在高度发达的资本主义社会什么事都有可能发生。

村上君肯定喜欢青山商店的莴苣，所以才在《舞！舞！舞！》里不停地让主人公去买莴苣回来。

于是我驾起“昴星”去青山大街采购。又在纪国屋买了调配妥当的蔬菜。或许长野县的大山里头有一处专门供应纪国屋的调配式菜田。那菜田想必很大，四周用铁丝网围着，就是《大逃亡》电影中那样的铁丝网，纵使有架着机关枪的岗楼也无足为奇。那里面有人对莴苣和芹菜施以某种动作，肯定。而且是远远超出我们想像的非蔬菜式训练。我一边这么想着，一边买菜、买肉、买鱼、买豆腐、买咸菜。买完回来。

不止是莴苣，青山商店的黄油也相当好。想必熏鲑鱼也很好。

上午，我去纪国屋商场买调配妥当的青菜，买一打罐装啤酒和三瓶葡萄酒，买咖啡豆，买用来做三明治的熏鲑鱼，买豆酱和豆腐。

经常去超市买菜的人都知道，上午的蔬菜最新鲜齐全。下午过

青山二丁目的一间画廊，设计感和品位都十分不俗。大概主人对莴苣的新鲜程度要求也很高。

后，留给晚归的上班族的就只有种类屈指可数又蔫头耷脑的青菜了。只有无所事事的“我”，才能在上午买到前一天闭店后经过特殊训练的莴苣。

12点5分，电话打来——雪的。

“还好？”她问。

“好得很。”

“现在做什么呢？”

“正准备做午饭。把早已调配妥当的脆生生的莴苣和熏鲑鱼切得像剃刀刃一样薄，再加冷水浸过的洋葱和芥末做三明治来吃。纪国屋的黄油很适合用来做这东西。弄得好，说不定可以赶上神户三明治熟食店里的熏鲑鱼三明治的味道。也有时候弄糟。但凡事只要树立目标并加以不屈不挠地努力，总会取得成功。”

在《舞！舞！舞！》中，这样的场面比比皆是。村上君几乎不厌其烦地描写主人公看似无聊又重复的每一天。不仅仅是买菜做饭，而是细数购买的每一样东西，甚至对所购买莴苣反反复复地加以描述。若非实在闲来无事，谁又能在买菜时一本正经地想象施加在莴苣身上的特殊训练呢？

然而“我”又势必要度过这样一段茫然无措的时光。

自从“我”的朋友“鼠”在《寻羊冒险记》中与象征邪恶的羊博士同归于尽之后，“我”始终未能回到正常的世界之中。“鼠”

的死就像青年时代的告终。如同“鼠”所说：“你的心情我理解，但那早早晚晚都是要消失的，就如某种东西已经从你我以及好些女孩身上消失掉一样。”“鼠”选择了将自己和那个理想主义的纯真年代一同埋葬，只留下“我”一个人，独自回到故乡，在和“鼠”一起喝掉无数啤酒、吃掉成吨花生的杰氏酒吧旁边的海滩上长久地哭泣。

被抛弃的“我”该如何面对接下来的人生呢？

也许就是从这里开始，村上君毫不厌倦地在他的小说中重复这一永恒的主题。

失去了直子的渡边，岛本消失后的初君，堇失踪之后的K……每一个人都可以说是告别了“鼠”之后的“我”。

然而只有在《舞！舞！舞！》中，村上借羊男之口给出了答案：“跳舞！什么也别想，争取跳得好些再好些，你必须这样做。”

由于前一部小说《挪威的森林》破记录的销量，村上早已远离了年轻时开爵士酒吧时那种拼命埋头赚钱才能维持生活的日子。在青山大街租一间办公室，午餐吃用纪伊国屋超市售卖的顶尖食材制作的“地地道道的三明治”，去表参道买昂贵的意大利手工定制西装，恐怕对他来说都是轻而易举的事情。然而他本人却因此感到彻底的恐慌，甚至怀念着年轻时“奶酪蛋糕形状的贫穷”。

这大概是我们人人都曾经有过的，与十几二十岁时相似却又迥然不同的，步入中年之前的迷茫。

“你在困惑，不知道自己寻求什么。你处于抛弃和被抛弃的

青山附近的房屋风格多样，光是一路闲逛看看也觉得赏心悦目。

交界地带。你想去不知该不该去的地方。你遗失了很多，把很多连接点一一解开，却又没物色到替代之物。所以你感到困惑、感到惶惑。觉得自己无所连接、飘零无寄，实际也是如此。”羊男如是说。

还好羊男一直固守在原来的海豚宾馆里。哪怕海豚宾馆早已修葺一新，从破旧的小旅馆变成豪华的大饭店，“我”还能找到自己应该被连接的地方。

如同在渡边二十岁的泥沼中紧紧抓住他的绿子一般。

不过，若是如此简单就能解决问题，那我们和二十岁时又有什么分别呢?

因此羊男向“我”提出了一个要求：“你自己也必须全力以赴，不能光是静坐空想，那样你永远走投无路。”

尽管一开始不大明白，“我”还是决定按照羊男说的做。

“不停地跳舞。不要考虑为什么跳，不要考虑意义不意义。而且要跳得出类拔萃，跳得大家心悦诚服。总之一定要跳要舞，只要音乐没停。”

“我”返回东京，在涩谷的电影院看五反田和喜喜演的《一厢情愿》。虽然不明了的事情多得数不胜数，依然要在街上一刻不停地行走：从涩谷步行到原宿，经过青山和表参道再返回涩谷……在这一过程中，静待事情向前发展。

在不知该去往何处的日子里，“我”能做的只是确认自己在行走，在跳舞。

喜喜出场的镜头一完，我便走出影院，在街上漫步。路线和往日大致相同：原宿、神宫球场、青山墓地、表参道、仁丹大厦、涩谷。途中也有时喝杯咖啡休息一下。春天步履坚定地光临大地，到处洋溢着令人亲切的春天气息，地球顽强而有条不紊地继续绕太阳公转。神秘的宇宙！每当冬去春来，我都要思索一番宇宙的神秘性：为什么春天的气息岁岁相同呢？每年春天来临必定散发出这种气息——微妙，缥缈，若有若无，且年年如一。

街头巷尾，竟选宣传画泛滥成灾，且每张面孔都丑陋不堪。竞选宣传车也到处狂奔乱窜，根本听不清讲些什么，徒增噪音而已。我一边回想喜喜一边在街上不停地行走。这时间里，我发觉自己的双腿开始一点点恢复原有步调。步履变得轻松而踏实，而且大脑的运转也随之带有前所未有的机敏和锐气。尽管速度迟缓，但我确实在一步一个脚印地向前迈进。我目的明确，因而自然而然地掌握了步法。兆头不错。要跳要舞！想得再多也无济于事，关键是要步步落在实处，保持自身的体系与节奏，同时密切注意这股势头将把自己带往何处，我依然在这边的世界里。

这种日复一日的漫步确实应该称之为行走，因为这条路线其实并不太适合悠闲的散步。若真想好好地散步，远离人群，呼吸新鲜的空气，让目力所及之处都沉浸在绿色的风景之中，占地广大的明治神宫或者附近的绘画馆到赤坂离宫一带都是更好的选择。涩谷一带太嘈杂，表参道总让人觉得高高在上，神宫球场外苑附近又到处是跑步者。也许恰如羊男所说，不要考虑为什么走，在哪里走，有什么意义，意义这东西原本就哪里也没有。

生活本来就是由一件一件毫无意义的小事组成的。

因此我们看着村上君没完没了地描写着“我”每一天的日常：喝啤酒，听唱片，睡觉，去千驮谷室内游泳池游泳，去涩谷电影院看保罗·纽曼的《裁决》，在家煮小鱼干拌菠菜，想起死去的猫……感到虚脱时就用西班牙语从1数到10，然后“啪”地拍一下手，心情愉快的春夜里则读佐藤春夫的短篇小说，听舒伯特作品100号。

从很多年前开始，每到春天我就听这张唱片。我觉得春夜蕴含的某种哀怨凄苦同这首乐曲息息相通。春夜，甚至把人的心胸都染成柔和的黛蓝色的春夜！我闭起眼睛，于是白色的人骨从黑暗的深处隐约浮现出来。生在深沉的虚无中沉没，骨则如记忆一般坚硬，而且近在眼前。

死仍然在“我”的记忆里时隐时现。但是无论怎样，只要不停跳舞，只要努力做好这些看似琐碎而无聊的日常，“我”便能确保自己不会在虚无中沉没。

即便是买莴苣做三明治这样的小事，也要努力做得更好一些。要买经过特殊训练的莴苣，要把熏鲑鱼切得像剃刀一样薄，要确认洋葱泡过冷水。虽然不一定能做出神户那样的顶级三明治，但是唯有如此，才有达到目标的可能性。

如此说来，我们每一个人都是藉由努力生活着的每一天，确认自己还好好地与某个地方连接着。

正午的阳光直白而明确地照耀在青山大街宽阔的街道上，玻璃幕墙在蓝色的天空底下闪闪发亮。我向着神宫球场的方向一直走，经过许许多多和我一样在街头漫步的男男女女。

也许其中有一个就是看上去和普通人没什么两样的村上君吧。

好吧，就当是这样好了。

毕竟走在青山大街上遇见村上君的可能性如同遇见百分之百的女孩。倘若真的在街上与村上君擦肩而过，那想必又是一个“充满和平时代的古老机器般温馨的秘密”。

青山·表参道旅行 Tips

表参道连接着原宿和青山，被称为东京的香榭丽舍大街。乘坐JR山手线到原宿站或者东京地铁千代田线到表参道站出来，眼前能看到的宽阔气派的大街就是表参道了。在表参道地铁站前与表参道交叉的就是青山通，《国境以南　太阳以西》中的岛本就是从涩谷十字路口沿着宫益坂走上了青山通，纪伊国屋超市也位于青山通上。沿着表参道穿过青山通就是南青山了，这里以有品位有设计感的精品时装、咖啡、甜品店闻名，例如奈良美治的 A to Z Café 就位于这里。即便什么也不买，在这一带逛逛也很有趣。

表参道附近的老字号炸猪排店MEISEN，一到饭点就大排长龙。

这等场所居然被保存下来

确切地说，镰仓不是东京的一部分。镰仓所在的神奈川县算是东京都为主的首都圈的一部分。通常意义上我们所说的东京市，其实指的是东京都特别区，只包括二十三个区，连吉祥寺和国分寺都不算。这两个地方只被包含在广义的东京都范围之内——尽管从新宿出发乘坐中央线列车，连二十分钟都不用就能抵达吉祥寺。同样地，东京都周边的千叶县、神奈川县、茨城县，都不属于狭义上的东京市。在日本，它们和东京都一起被称为首都圈。得益于东京便利的交通，顶多只要一个多小时就能从东京到达这些地方。因此在游客眼里，它们和东京并没有分别——毕竟位于茨城的成田机场和位于千叶的迪士尼长久以来都被理所当然地视为东京的一部分。如果非要抓住一名游客告诉他这两个地方都不属于东京，恐怕只能获得对方的白眼。

大部分去东京的游客都会至镰仓一游，许多人甚至抱着朝圣的心情专程前往。有人想去看看《灌篮高手》中樱木花道和晴子相遇的路口，有人想和陈绮贞老师一样坐火车去湘南海岸。倒是很少有人在乎，镰仓在日本是以“幕府开始的地方”而闻名的古都，甚至早于战国时代才开始兴建的京都。湘南海岸也并非以比基尼辣妹闻名，而是日本人心中距离东京最近的冲浪圣地。

这种认知上的差异很有趣。游客们想要看到的镰仓，并不是真正的镰仓。

日本人眼中的镰仓又是什么样子呢？

村上君曾经在两部小说中提到镰仓。其中一部是《国境以南　太阳以西》。少年时的岛本因为父亲工作的原因常常搬家，起先只是搬到神户附近的其他地区，初君还曾经去拜访过一两次，再后来干脆搬去了镰仓的藤泽。从此两人再也没有见过面，直到多年后在东京街头重逢。

对从小成长在神户的独生子初君来说，镰仓一定是一个十分遥不可及的存在。那时他大概便知道，他将会永远地失去岛本。

另一部是《舞！舞！舞！》。

在这部小说里，村上给了整日在东京游荡的主人公一个去镰仓的机会，让他开车送雪去她父亲位于湘南海岸的别墅。

穿过町中，来到辻堂海滨后，我把车停在松林旁边停车场的白线内。里面几乎没有车。我提议说稍微走一阵。这是4月间一个令人心旷神怡的午后。风似有若无，波平浪静。海湾那边就像有一个人轻轻拉曳床罩一般聚起道道涟漪，旋即荡漾开去。波纹细腻而有规则。冲浪运动员只好上陆，穿上简易潜水服坐在沙滩上吸烟。焚烧垃圾火堆的白烟几乎笔直地伸向天空。左边，江之岛犹如海市蜃楼一般依稀可辨。一只大黑狗满脸沉思的神情，沿着水岸交际处迈着均匀的小快步从右往左跑去。海湾里渔舟点点，其上空海鸥如白色的漩涡，悄无声息地盘旋不止。海水似也感觉到了春意。

我们沿着海边的人行道，朝着藤泽方向一路慢慢走去，不时地同乘着英国“美洲虎”轿车或自行车的女高中生擦肩而过。到得一处合适的地方，两人坐在沙滩上观海。

我从新宿坐小田急线到达藤泽，然后转江之电线往湘南海岸去。尽管不是周末，江之电上的乘客依然很多。加之是阴天，并没有看到陈绮贞笔下“流窜在车厢里饱满的光和影子”，只有兴奋的游客和习以为常的本地人两种面孔交替出现。过了江之岛站，江之电开始从民宅中间穿过。其实这种景象从路面上看才是最有趣的。江之电只有几节车厢，因为要路过民宅所以速度也很慢，站在路口看着电车沿着路面细细的铁轨开过来，有种身处玩具世界的不真实感。

我首先在镰仓高校前站下车。

和我一起下车的人不在少数，大家都是为了来看一眼那个《灌篮高手》中著名的平交道口的。绕过在车站站牌前合影的人，轻而易举地就能看见那个地方——没错，就是许多人举着相机等待着电车通过的地方。

在《灌篮高手》片头里那个经典的画面里，樱木花道从学校的坡道上走下来，绿色的江之电驶过，平交道的另一端是穿着高中校服的晴子，她身后是光闪闪的大海。

我走过去站在和樱木花道同样的位置，看到的则是铁轨另一侧来来往往的汽车，其中不少是大型货运车。平交道口正后方的

细雨中的湘南海岸。没有比基尼辣妹，没有牵着狗的情侣，只有冲浪者在荒凉的海滩上无奈地放下他的冲浪板。

紫阳花盛开时的镰仓极乐寺。寺庙本身低调简朴，处处体现着日式的传统美学。

沙滩上停着一辆工程车，竖起高高的钢管，刚好遮住了对面的海。由于是阴天，大海和远处的天空连成灰蓝色的一片，一个裸露着上半身的老人夹着冲浪板走向黑色的沙滩。

拜托，明明就和动画一点都不一样好吗？

即便如此，还是有许多人兴奋地等待着电车通过，然后在那个瞬间留下到此一游的证据。

我兴味索然地走上坡道，向右转个弯，镰仓高校就出现在眼前。

镰仓高校是《灌篮高手》里陵南高中的原型。因为有太多人到此朝圣，校方在门口挂出了“校外人士禁止入内”的牌子，并配上了中英文翻译。校门口旁边就是运动场，里面隐隐传出学生们的声音。运动场周围的铁丝网上挂着白色的布，上面写着“祝关东大会举行成功”的字样。看过《灌篮高手》的人都明白，那几个字代表的就是少年时代全部的梦想和荣光啊。

不知道为什么，沿着坡道再走下去，看到同一个平交道口和海边的工程车时，我开始觉得，这确实就是《灌篮高手》所在的地方。

我穿过铁轨想要到海边去，雨却忽然落下来，只好躲进路边一家小餐馆。

这家店是一间传统的日式旅馆，餐厅部分也对非住客开放。店里只有两桌客人，头发花白的老婆婆手脚麻利地送上带着冰块的水。店里的招牌是镰仓特产天妇罗沙丁鱼定食和沙丁鱼天丼。因为沙丁鱼细小，不适合做刺身，通常做成天妇罗，或者和海苔芝麻紫苏一起撒在饭上。

我不想在下雨天吃生冷的食物，就比手画脚地和老婆婆交流，想点烤鱼吃。

可惜老婆婆不懂英语，也不管我懂不懂日语，一个劲儿点头，自顾自地用日语给我解释菜单上的每一道料理。我用英语问一句，她就用日语回答好几句。我只好听天由命，随便选了一道，结果端上来的竟然是一整条鱼刺身定食，当然饭上也没忘了撒上沙丁鱼。

抛开这些不谈，鱼肉鲜嫩爽脆，配姜泥而非芥末食用，有种淡淡的清香。沙丁鱼拌饭也很有夏天的味道。

确实如村上君所说，这里是个能让人感到季节更替的地方。那是镰仓与他笔下庞大孤独的东京截然不同的地方。

夏天的镰仓当然少不了盛开的紫阳花。六月的镰仓会推出紫阳花版的观光地图，游客可以坐上车身有紫阳花图案的江之电，去看盛开在镰仓各处的紫阳花。

其中最有名的是明月院前的紫阳花步道。不过明月院远在北镰仓，我便就近去了附近的极乐寺。

镰仓的寺院极多，毕竟是幕府时期的古都。

极乐寺门前的紫阳花开得正盛，花朵大多是粉色和淡紫色的。刚刚下过雨，寺院前的草木颜色非常饱满浓郁，仿佛要洇开来一般。寺院的大门就是一个简单的茅草屋顶加上一排木栅，没有任何粉饰，和地上的青砖石板一样的颜色，有种简单又清淡的美。

虽然寺院里供奉的是佛像，但这个小小的寺院还是很有日本神道教的风味。走进寺院，最引人注目的还是满眼浓绿苍翠的草木，连地上都覆盖着毛茸茸的青苔。神像隐在植物的后面，仿佛在说神本该存在于自然的一草一木之中。

寺院里的游客不少，然而毕竟远离海边公路的喧嚣，置身蓊郁的绿色之中也让人觉得心情沉静。不远处的成就院风格类似，只是更小更精致一些，从山门进去沿着小径绕一圈不过十分钟。下雨天从树叶上慢慢滴下来的雨水和湿润的青苔为美丽的日式庭院加分不少。成就院门前有一条长长的阶梯，一直通向山下的海边。有一队小学生正排着队爬上来，雨衣下面，人人都有一张红扑扑的小脸。

从山上下来，天稍微亮了一些，雨似乎要停了。于是我再度坐上江之电去往由比滨海滩。在镰仓没有看到美丽的湘南海滨始终让人耿耿于怀。

想象中应该到处是冲浪少年和比基尼辣妹的海边空空荡荡。虽然零星地落着雨，风里也夹杂着丝丝凉意，灰蓝色的大海倒是十分平静。一个皮肤黝黑的男子踩着冲浪板从海上返回。下过雨的沙滩接近黑色。不远处散落着一团团类似干枯海藻一样的东西，有人在用白色的垃圾袋将其收集起来，每隔一段距离就能看到两三只放在一起的白色垃圾袋。沙滩上不只停着废弃的船只，竟然还有货车驶过。难以相信这是适合度假的海滩，更像是音乐节或者烟火节过后被剩下的一片狼藉的海滩。

这景象迥异于《舞！舞！舞！》中令人心旷神怡的海滨之春。星星点点的雨滴又落下来，海风大得没有办法撑伞。阴云正从海平面渐渐压上来，压过我心中仅存的一线希望。

于是我十分清楚地知道，这次镰仓之行注定要与连绵的雨水相伴。没有机会看到阳光下美丽的湘南海岸，注定将成为一个永久的遗憾。

提前预知故事的结局并不是一件让人开心的事情。就像在读《舞！舞！舞！》的时候，大概读者都能猜出咪咪是被谁杀死的。“我”也心知肚明，不过不愿意说破罢了。在戳破最后一层窗户纸之前，“我”还能漫无目的地四处游逛，和五反田一起吃饭喝酒，一起聊天到深夜。但是“我”又必须不停跳舞，不停接近真相，直到一切都无可挽回。

因此当事实从雪的口中被说出来的时候，“我”并不惊讶，只是一如既往地将此作为现实的一部分接受下来。

两人便在雨中久久坐着。背靠防波堤，耳听西湘支线公路上疾驶而过的车轮声，眼望海面烟雨。雨依然很细，但比刚下时势头急了些。海岸站着两三个垂钓人，看样子根本没有注意到我们，连头都不回的。他们头戴雨帽，身上紧紧裹着雨衣，像打标语似地将长长的钓竿竖在水边，全神贯注地盯着海湾方向。此外了无人影。雪把头软绵绵地放在我肩头上，什么也不说。若有陌生人远望过来，必定以为我们是热恋中的情人。

虽然书中这一段写的是从镰仓往箱根方向去的国府津海岸，不

镰仓有许多住宅还保持着老式的格局，木造的房屋里凝固着昭和的旧时光。仿佛随时会有小津安二郎电影里的人物推开木门跑出来。

镰仓文学馆是古都镰仓里难得一见的近代西式建筑。文学馆里介绍的作家赫赫有名，除了都在镰仓生活过，另一个共同点是几乎都为村上所不喜。

过这景色倒是与我面前的镰仓海滨十分一致。

我也只好将不停下着雨的镰仓这一现实接受下来。

哪有十全十美的旅行呢?

我带着这样的心情，一步步踩着黑色的沙滩，离开了下着雨的湘南海岸。

穿过海滨公路回到住宅区，避开去看镰仓大佛的人群，一路沿着宁静的小巷往山坡上走。镰仓的住宅古意盎然，虽然不是古旧的木制住宅，房屋的外部结构大多还是旧式的。特别是那些黑色的屋顶，层层叠叠的瓦片，干净又雅致。院落里往往有精心修剪过的松树和花木，让人仿佛瞥见幕府时代日式庭院的一角。

那样的房子在镰仓十分常见。

雪的父亲的房子靠近海边，到达时已是薄暮时分。房子古色古香，宽宽大大，院子里草木葳蕤。有一角还保留着湘南作为海滨别墅地带时期的依稀面影。四下悄然无声，春日沉沉西坠，气氛十分和谐。点点处处的庭院里，株株樱树含苞欲放。樱花开罢，木莲花不久便将绽开花蕾。此种色调和香气每天都略有不同的朝朝暮暮，可以使人感觉到季节的交相更迭。这等场所居然被保存下来。

牧村家四周围着高高的板墙，大门是古式的，带有棱角。惟独名牌十分之新，黑色的墨迹赫然勾勒出“牧村”二字。一按门铃，稍顷出来一位二十四五岁的高个子男子，把我和雪让进里边。男子一头短发，彬彬有礼，对我和雪都很客气。同雪之间，看样子已相见多次。他笑的方式同五反田差不多，给人以玉洁冰清的愉悦之感，当然远不及五反田那般炉火纯青。他一边带我们往院子里头走，一边说他是给牧村先生当助手的。

雪的父亲牧村拓（makimura hikaru）的名字是村上春树（murakami haruki）的一个小小花招。其为人也可以说是与村上本人完全相反的存在。单从住宅的风格便可见一斑，难以想象村上君本人喜爱的是如此豪华气派又古色古香的别墅，更别说院子里还要有高尔夫球场和伴读书童了。

在村上眼里，牧村拓这种人缺乏真正的才华，仅有的才华在第一部成名作时便消耗殆尽，之后无非是靠徒有其表的虚名和蹩脚的表演勉强维持下去。这样的评价多少有些自嘲，也算是村上对批评自己的评论家的反击。日本文坛大概也存在所谓“圈子”的东西，得罪了评论家可不是什么好事。然而村上自己早就坦言“基本不愿与其他作家和评论家往来”，此种坦率也完全是行事练达圆熟的牧村拓的反面。

至于日本文坛的“圈子”到底是什么样子的，在镰仓文学馆便可窥知一二。

走过一段被树木遮蔽得严严实实的隧道，才能看见镰仓文学馆并不显眼的大门，仿佛刻意隐藏着什么一般。进入大门之后还要在树木的阴翳中走上一段，之后便会豁然开朗，眼前的景色突然变成了西式的庭院和别墅。

这栋白色的西式建筑出现在古色古香的镰仓，给人的视觉冲击感无疑十分强烈。

建筑前是一排细心修剪过的树篱，文艺复兴样式的青铜雕像穿插期间。沿着山坡缓缓铺展开来的草坪上，盛开着各种颜色的玫瑰。如果在阳台摆一桌英式下午茶，大概会使人有身处异域的错觉。然而隔着山坡下方浓密的树丛，依然能看到层层叠叠的日式屋顶和不远处的大海。它们仿佛在提醒着：这里到底是镰仓。

日本人似乎十分喜欢营造这种西式的浪漫氛围，即便在外人眼中看来，镰仓的古老和宁静，才是格外令人羡慕的日式浪漫。

进入别墅内部参观需要脱鞋，光脚踩在干燥光滑的木地板上，很容易使人产生时光倒流的感觉。文学馆内部的展览有两层，一层以日本的古典文学为主，二层则主要展示昭和时代“镰仓文士”的作品和他们在镰仓的生活。虽然不懂日语，也能够在“镰仓文士”中认出赫赫有名的夏目漱石、川端康成、芥川龙之介、太宰治、三岛由纪夫等人的名字。不知道为何文人们都喜欢聚集在镰仓，大概一边在酒馆里喝着日本酒聊着天，一边望着古都的景色，就能迸发出灵感的火花吧。据说三岛由纪夫的作品《春天的雪》就是以镰仓文学馆这栋别墅为舞台创作出来的。

然而村上君曾经毫不避讳地公开宣称，他本人不喜欢三岛由纪夫，作为读者从来没有读完过一本三岛的作品，因为无法认同他的世界观和政治思想。不止是三岛，村上也不喜欢太宰治的小说。

有趣的是，三岛也不喜欢太宰治，还曾经当面跑到太宰治面前说“我讨厌你的小说”。太宰治头也不抬地说“你要真的不喜欢，就不会专门跑来找我了”。村上不仅不喜欢他们的小说，更不喜欢他们这种交流方式，他觉得既没有必要当面跑去告诉对方自己的好恶，也没有必要对别人的批评嗤之以鼻。我想，这大概才是村上君与“镰仓文士”们毫无交集的主要原因。

镰仓旅行 Tips

镰仓距离新宿只有大约一个小时的电车车程，很适合作为从东京出发的一日游的目的地。小田急公司推出了镰仓一日券，可以在一日内随意乘坐新宿到镰仓的小田急线以及镰仓的路面电车江之电。

在小田急线终点的片濑江之岛下车，沿着海岸线往西走，就是湘南海岸公园以及《舞！舞！舞！》中“我”和雪停留的辻堂海滨公园。如果换乘江之电往东的话，则可以到达镰仓高校前。从镰仓高校前到七里滨的一段电车是沿着海岸行驶的，风景非常特别。镰仓文学馆位于长谷站和由比滨站之间，门票三百日元，有小田急镰仓一日券的话可以打折。

对于镰仓的风景，村上倒是赞不绝口。他在《村上朝日堂的卷土重来·柏林的小津安二郎与驱蚊香》中这样写到：

《晚春》和《麦秋》因为以北镰仓为背景，经常有江之岛和七里滨一带的风光出现。从电影上看来，昭和二十四年那时候七里滨几乎没有汽车往来，似乎十分幽静。当然也没人冲浪，散步的没有。那时候的人一定都很忙。小津安二郎拍摄的影片总是那么寂静、无风，充溢着向阳坡一样惬意的光照。我喜欢小津电影（特别是昭和二十年代的）里出现的这种风景，不知反复看了多少遍。尽管极度模式化，却又那般栩栩如生。

告别了村上与之无缘的镰仓文学馆，雨又再度下起来。我沿着湿漉漉的街道走回江之电长谷站，坐到江之岛站之后搭小田急电车返回东京。在小田急电车里，我在车窗外摇晃着的雨中风景里沉沉睡去。醒来时发现电车里早已挤满了人，大部分和我一样昏昏欲睡，模样看上去都是疲倦的上班族。

终于又回到东京了啊，我不禁这样想着，心里涌起一种莫名的踏实感。

引文出处

村上春树《舞！舞！舞！》，上海译文出版社，林少华译。
村上春树《村上朝日堂的卷土重来》，上海译文出版社，林少华译。

《斯普特尼克恋人》

东京坐标：井之头公园

平原上刮起龙卷风

大部分游客造访吉祥寺的目的有两个：购物，以及三鹰之森吉卜力美术馆。

三鹰之森吉卜力美术馆当然值得一看。

从三鹰车站出来，搭乘车身画着龙猫的巴士，只需要几分钟，就能到达一个绝对可以称之为梦幻的所在。

然而如果你只是搭巴士往返，就会错过三鹰之森美术馆坐落的那一片森林。

那就是井之头恩赐公园。

井之头恩赐公园是东京著名的赏樱地之一。然而在并无樱花盛开的初夏，井之头公园里高大的树木和浓密的树荫也给我留下了

吉卜力三鹰之森美术馆就藏身于井之头公园的森林里。

极为深刻的印象。那些树木并不是普通的公园绿化用的树木，而是足有十层楼高的参天大树。两棵树之间的树枝合拢成优美的弧形，每当有行人或骑车人从下面通过，我都会觉得他们是走入了通往龙猫森林的秘密通道。

走过长长的林荫道，湖出现在面前。我在湖边找了个长椅坐下来，透过几乎低垂到湖面的树荫能看到湖面上的喷泉。身后是一间小小的杂货店，门口挂着日本夏天常见的白底蓝花的旗子，上面写着大大的“冰”字。

我很喜欢坐在这张长椅上看到的风景。

不知道《斯普特尼克恋人》中的堇最中意的长椅是哪一个？

我们一如往常地坐在井之头公园的长椅上。是堇最中意的长椅。池水在我们前面铺陈开去。无风。落在水面的树叶仿佛紧紧贴在那里似地浮着不动。稍远些的地方有人升起篝火。空气中夹杂着开始走向后声的秋的气息。远方的声响听起来分外悦耳。

《斯普特尼克恋人》中的主人公堇是个以成为职业作家为理想殊死拼搏的女孩。为此她从大学里退学，每天孜孜不倦地读书和写作。对于同年龄女孩子喜欢的东西一概看不上，什么漂亮衣服啦、化妆啦、拍照啦，统统不在乎，甚至深恶痛绝。唯一的爱好就是一个人没完没了地翻动书页。孤独也无所谓，甚至认为人人都需要如凯鲁亚克所说：“应该走进荒野体验一次健康而又不无难

井之头公园里有许多靠近湖边的长椅，能看到湖面的喷泉和岸边低垂的树影。坐在堇最喜欢的长椅上能看到怎样的风景呢？

耐的绝对孤独，从而发现只能依赖绝对孤身一人的自己，进而知晓自身潜在的真实能量。”

这样的人物设定和《挪威的森林》中的渡边无疑有着某种程度上的精神契合。两人也都住在吉祥寺，简直是不出意料的巧合。

她在吉祥寺租了一间宿舍，同最低限度的家具和最大限度的书刊一起度日。上午起床，下午以巡山者的气势在井之头公园散步。若天气晴好，就坐在公园长椅上嚼面包，一支接一支地吸烟、看书。若下雨天气变冷，便钻进用大音量播放欧洲古典音乐的老式酒吧，蜷缩在疲软不堪的沙发上，愁眉锁眼地边看书边听舒柏特的交响乐或巴赫的大型乐曲。傍晚喝一瓶啤酒，吃一点在超市买的现成食品。

晚间一到十点，她便坐在书桌前，摆在眼前的是满满一壶热咖啡、大号麦当劳杯（过生日时我送的，绘有斯纳弗金的画）、一盒万宝路烟和玻璃烟灰缸。文字处理机当然有，一个键表示一个字。

那种不需要任何人，只要有书和音乐就能活下去的孤独感，在吉祥寺独特的氛围里，被恰到好处地接纳。

孤独并非只能如凯鲁亚克笔下的看山人一样，在孤立的高山顶尖一座小屋里形影相吊地生活。平凡人早晚需要面对“问题是任何人到时候都不能不从山上下来”这样的现实。从山上下来以后到吉祥寺租一间公寓生活，恐怕是不错的选择。井之头公园宽阔

井之头公园里竟然有遛鹰的男子。三鹰没有龙卷风，但是有实实在在的鹰。

的森林和湖水提供了足够的独处空间，足够一个人静静地散步不被打扰。若是觉得过于沉闷，又可以坐在湖边观望对湖中的弁财天神社充满好奇的游客，缓缓移动的鸭子船，以及空气中弥漫着的幸福气息。

唯一的坏处大概就是这样的生活太过平静美好。除了等待平原上突然刮起的龙卷风，堇恐怕将一直徘徊在成为小说家的门外。毕竟小说是从时间和经验中开出的花朵。

堇把视线从天空收回，落到我脸上："像平原上的龙卷风？"

"也可以这样说。"

她想象了一会儿平原上的龙卷风。

"那平原上的龙卷风，你可实际见过？"

"没有。"我说。在武藏野根本见不到真正的龙卷风（该庆幸才是）。

顺便说一句，虽然三鹰根本见不到真正的龙卷风，很厉害的风倒是有的。

《村上朝日堂》中搬家杂记关于三鹰的一篇中写道：

那个夜晚风非常厉害，我踉踉跄跄地走在公寓附近的路上，忽见一白色物件飘飘然飞了起来。莫非白鹭什么的？细看之下，原来是乳罩。曾经目击乳罩飞上夜空的人想必知道，那光景的确异乎寻常。难以置信的意外性和空气力学运动的诙谐性融为一体，分外赏心悦目。

大概在村上君眼里，吉祥寺就是这么个同时具有意外性和诙谐性的所在吧。

井之头公园旅行 Tips

井之头公园是吉祥寺的一个重要组成部分，宽阔的森林和湖水能让人感受到与市区截然不同的宁谧美好。从吉祥寺车站即可以步行到井之头公园，穿过井之头公园步行到三鹰之森美术馆大约需要十五到二十分钟。三鹰之森美术馆门票一千日元，需要在官网上提前预约订票，每天开放四个时段入场参观，分别是10点，12点，14点和16点。错过预约时间则可能无法入场。因此推荐去程时乘JR 中央线在三鹰站下车，乘接驳巴士直达美术馆，参观完毕之后则可以沿着井之头公园悠闲地散步。

与三鹰之森美术馆相邻的是井之头公园野球场和竞技场，穿过一整片森林之后才能看到井之头池，湖边有井之头动物园和弁财天神社，也可以租一艘鸭子船在湖中度过愉快的时光。

引文出处

村上春树《斯普特尼克恋人》，上海译文出版社，林少华译。
村上春树《村上朝日堂》，上海译文出版社，林少华译。

《神的孩子全跳舞》

东京坐标：上野动物园

如果在什么地方再遇见你

周末的上野车站之所以弥漫着轻松愉快的气氛，多半与毗邻的上野公园有关。

上野公园是一个很大的范畴，包括不忍池、清水堂、上野东照宫、上野动物园、东京国立博物馆等等在内。既是富有自然野趣的公园，又不乏历史古迹，还富有浓厚的文化艺术氛围。无论你的兴趣点在哪里，都能在上野公园找到合适的去处，实在是周末出行的绝佳选择。

上野公园在中国也十分著名，因为鲁迅在《藤野先生》一文开篇就提到过，上野公园是东京著名的赏樱场所。不过鲁迅对于去上野赏樱花的清朝留学生们倒是毫不留情地讽刺了一番。梅雨时节早已没有樱花，各种颜色的紫阳花开得正盛。不忍池里的荷叶已经碧色连天，应该不出一个月就可以赏荷花了。

连着下了两天雨之后，终于迎来一个放晴的周末下午，东京人仿佛不约而同地涌到上野公园来了。有不少推着婴儿车的年轻夫妇，也不乏穿着套装打扮入时的老年姐妹赏花团。路边有表演杂耍的艺人，对着羞涩的小女孩展示蹩脚的魔术，引得旁边围坐在地上的观众们哈哈大笑。所有人都在柔和的阳光和欢声笑语的笼罩之下，简直没有不开心的理由。

沿着公园的主要道路一直向公园深处走，两边的樱树枝繁叶茂。可以想象樱花开放的时节，这里必然如笼罩着粉红色的云一般美丽。清水观音堂前挂着许多白色奉纳，上面用汉字写着“祈愿入学合格”一类的话语。与周围的欢乐氛围倒也十分相符。宽永寺则隐藏在浓密的树荫里，湿润的泥土上长满青苔，幽静而隐秘。我原本的计划是尽早赶到上野动物园，一路上却被各种事物吸引着目光，直到下午四点才到达动物园门口。

村上君一向喜欢动物园，有许多短篇都与其在动物园的经历有关。譬如《象的消失》、《袋鼠佳日》和《蜂蜜饼》。在去中国旅行时途经大连，他甚至特意去当地动物园参观，结果发现里面有一个笼子里关着一只猫。“特意看了笼子外面的牌子，确确实实只是普通的猫。”然而村上依然盯着那只猫默默地看了很长时间。

这并非只是因为村上君单纯地喜欢猫。在《舞！舞！舞！》中，村上君也表示，他对猴子也百看不厌。

我给电影院打电话，问清《一厢情愿》开场的时间，然后去城堡中的动物园消磨时间。城堡中有动物园的城区，恐怕除小田原外别无他处。一个有特色的所在。我们基本是看猴子，百看不厌。大概这光景使人联想到社会的一个侧面。有的鬼鬼祟祟，有的爱管闲事，有的争强好胜，一个又丑又肥的猴子蹲在假山尖上雄视四方，态度不可一世，而眼睛却充满畏惧和猜疑，而且脏污不堪。我心中纳闷，为什么那般肥胖臃肿，那般丑陋阴险呢？这当然不能向猴子发问。

我特意在上野众多景点之中选择了上野动物园，原因之一当然是我本身就喜欢动物园，更重要的理由是想来上野动物园见见敦吉君。

敦吉君是《蜂蜜饼》里的一头熊。蜂蜜饼是主人公淳平讲给单身母亲小夜子的女儿沙罗的睡前故事。故事的主角本来是一只叫正吉的熊。正吉君是采蜂蜜的高手，弄到了多得自己吃不完的蜂蜜，就拿到城里去卖。正吉从小被人养大，因此会说话会算账。也同样出于这个原因，正吉周围普通的熊都视其为异类，多少有些孤立它。特别是捣蛋鬼敦吉。敦吉君是抓马哈鱼的高手，也弄到了多得吃不完的马哈鱼。虽然敦吉只是一头普通的熊，不会说话、也不会算账，但他还是想到了可以用自己多出来的马哈鱼去交换正吉吃不完的蜂蜜。一来二去，两个人相互理解了对方，终于成为了好朋友。

夏天的不忍池可以赏荷。此时的荷花正要开放，只能看见碧波连天的荷叶。

上野动物园的熊雕像。熊看起来脾气很好的样子，任由小孩子怎么欺负他都不生气。想必一定是敦吉君。

不过这样一帆风顺的故事就不是村上的故事了。于是忽然有一天，世界上所有的马哈鱼都消失了。这样一来，敦吉君就没有马哈鱼吃了。身为朋友的正吉君提出不必用马哈鱼交换，反正自己的蜂蜜也吃不完，白送给敦吉君也可以。不过敦吉君拒绝了朋友的好意。

敦吉说：可是那样的关系不会长久。一方总是给予，另一方总是接受，就不是真正的朋友关系了。我下山去，想在新的地方重新试试自己。如果在什么地方再遇见你，我们就在那里再成为好朋友。

不得不说，能讲出这样一番话的敦吉君真是熊中豪杰。

可惜不了解人世险恶的敦吉君在下山的时候就被猎人的圈套困住，失去了自由，被送去了动物园。

因为这个不乏温情又令人伤感的故事，我便十分想去动物园看看可怜的敦吉君。

沙罗也是这么想的。因此淳平也带着小夜子和沙罗来到了周日的上野动物园。

上野动物园比我想象中要小一些，许多推着婴儿车的父母悠闲地漫步其中。动物园的明星照例是大熊猫，无论是门口的熊猫雕塑还是熊猫馆门口，都聚集了不少参观者。无论男女，大家都不断发出“卡哇伊”“卡哇伊”的惊呼。而熊山前面人就明显少了很多（明明和熊猫一样也是熊啊）。隔着玻璃朝里望去，里面只有一只不大的黑熊。毛色不怎么均匀，看起来也没什么精神，动作倒还算灵活。

那就是捣蛋鬼敦吉君吧。

敦吉君一个人被关起来，看上去好可怜啊。我忍不住这样想。

应该是敦吉君的熊在地上来来回回地踱步，有时抬头望望游客，有时又低头找找有没有落下的食物。确实如敦吉君自己所言，虽然看起来很辛苦，但是敦吉君依然在尝试靠自己的努力生活下去。真是让人看得连眼泪都要掉下来了。

动物园的休息区里有卖浇了红色糖浆的刨冰，我坐下吃刨冰，看着小朋友们兴奋地围着水池里呼呼大睡的海豹。相比起来，敦吉君的生活还真是不容易啊。

正吉君怎么不来救敦吉君呢？想必是不知道吧，或者是也被抓去动物园了。我一边吃刨冰一边想，要是两个都没有被抓起来就好了。

大概村上君也是这么想的，于是到底给了这个故事一个圆满的结局。

敦吉君在下山之前发现自己具有烤制蜂蜜饼的才能，只要稍微练习，就能烤出咯嘣咯嘣脆的蜂蜜饼。于是敦吉君在家烤蜂蜜饼，正吉君拿去城里卖。人们比喜欢蜂蜜还要喜欢蜂蜜饼。于是正吉君和敦吉君作为朋友快乐地生活在一起，再也不用分离了。

如同淳平、小夜子和沙罗三个人的幸福生活。

我猜村上君也喜欢来周日的上野动物园，才能写出如此罕见的有着温暖结局的故事吧。单单是目睹这么多相似的幸福家庭从东

在动物园吃刨冰。刨冰只是简单地浇上了红色糖浆，味道很普通。是动物园让人童心大发。

动物园里还能看见五重塔，与上野公园古朴的氛围恰到好处地融合在一起。

动物园的门票和地图。每张门票上的动物是不同的，随机抽取，据说拿到熊猫是最让人开心的。

京各处来到这里，一家人高高兴兴地一起观看企鹅、白熊、海豹和大熊猫，本身就是一件能让人觉得开心的事情。

接近闭园时间，连接动物园东西两部分之间的单轨电车已经停驶了。我只好在电车站旁边看土拨鼠。电车站旁边本来还应该有马来貘，不过马来貘已经下班回去休息了。只有闲不住的土拨鼠来来回回地忙碌着。

头一次看到有动物园展示土拨鼠这种动物。虽然土拨鼠并不常见，但因为所有啮齿类动物都有着类似的外表，猛一看还以为自己是在看松鼠或是仓鼠。还好看过指示牌确认是土拨鼠，得以免于像村上君一样对着一只普通的家猫看上半个小时。

上野动物园旅行 Tips

从 JR 或者东京地铁上野站出来，跟着人群就能很容易地找到通往去上野公园的路。上野动物园在上野公园的西北角，沿途会经过清水观音堂，宽永寺，上野大佛和上野东照宫。动物园门口有一大一小两只熊猫的雕塑，算是动物园的标志，大部分日本人来动物园都是为了来看熊猫的。熊猫和其他珍稀动物在东园，西园临近不忍池，以和小动物互动为主。不忍池中央的岛上有供奉财神大黑天的佛堂，前面有一些摊贩售卖炒面或章鱼烧，可以体验东京的下町风情。

土拨鼠是喜欢挖洞的小动物，动物园干脆将其洞穴的剖面展示出来。不仅曲折复杂的穴道令人惊叹，穴道尽头蜷缩成一团呼呼大睡的土拨鼠也引来一阵阵“卡哇伊”的呼声。大多数土拨鼠忙着在地面上吃东西或者站岗放哨。土拨鼠能用两条后腿直立，模样相当惹人喜爱。虽说是放哨，但是在没有天敌的动物园，他们更像是在专注地思考哲学问题。

展示土拨鼠的哲学思考实在是动物园的一手妙招。

如果你也要来上野动物园，除了看望敦吉君，也别忘了来看看独一无二的土拨鼠哟。

引文出处 | 村上春树《神的孩子全跳舞》，上海译文出版社，林少华译。
村上春树《舞！舞！舞！》，上海译文出版社，林少华译。

《当我谈跑步时我谈些什么》

东京坐标：神宫球场·神宫外苑

人是如何在神宫球场成为小说家的

众所周知，村上君是在神宫球场决定开始写小说的。

我可以具体说出下决心写小说的时刻，那是一九七八年四月一日下午一点半前后。那一天，在神宫球场的外场观众席上，我一个人一边喝着啤酒，一边观看棒球比赛。神宫球场距离我居住的公寓仅一步之遥，而我当时是个热情的养乐多燕子队支持者。天空中一丝儿云也没有，风儿暖洋洋的，是个无可挑剔的阳春佳日。那时候的神宫球场外场上还没有设置座椅，只是一面斜坡，长着一片绿草。我躺在草地上，啜饮着啤酒，不时仰面眺望天空，一边观看比赛。一如平日，观众不多。养乐多燕子队在主场迎战本赛季开幕战的对手——广岛鲤鱼队。记得养乐多燕子队的投手是安田。他是个五短身材、胖乎乎的投手，善投一手极难对付的变化球。安田第一局轻轻松松叫广岛的进攻线吃了个零蛋。接着，在第一局的后半场，第一击球手、刚从美国来的年轻的外场手迪布·希尔顿，打出了一个左线安打。球棒准确地击中了速球，清脆的声音响彻球场。希尔顿迅速跑过一垒，轻而易举地到达二垒。而我下决心道“对啦，写篇小说试试”，便是在这个瞬间。我还清晰地记得那晴朗的天空，刚刚回复了绿色的草坪的触感，以及球棒发出的悦耳声响。在那一刻，有什么东西静静地从天空飘然落下，我明白无误地接受了它。

这个故事以不同的面貌在他的许多随笔中被提及，在《当我谈跑步时我谈些什么》一书中，村上君给出了详细的描述。大概总有人会想问一名作家，你是如何成为作家的？而村上君的回答就是如此。

好像是有什么东西从天空慢慢飘下来，而我正好用双手接住。为什么会正巧落在我掌心，我也不太明白，当时不明白，现在也不明白，不管原因是什么，总之发生了那件事。

从神宫球场返回之后，村上便在打烊后的厨房桌上开始写小说。半年后，《且听风吟》就诞生在了两百张四百字的稿纸上。

在我看来，在神宫球场的那一刻简直就是命运的邂逅。当然，这需要有适当的才华和充足的人生经验作为铺垫，接下来的事情不过是水到渠成。只不过刚巧这个时刻发生在了神宫球场，在球场上方晴朗的天空底下，伴随着球棒击打时的回响。

因此这样的故事反过来是不成立的，只是坐在神宫球场外场喝喝啤酒，是不可能成为小说家的。尽管心知肚明，我还是忍不住想要去神宫球场看一场棒球比赛。

命中注定一般，在我离开东京的前一天，神宫球场刚好有一场养乐多燕子队的比赛。比赛时间是周日下午，对手又是重量级的读卖巨人队，现场大概有很高的几率买不到票。我几乎是抱着试试看的心态踏上了去往神宫球场的路。

我先是在表参道附近一条小巷里一间很有人气的老店MEISEN吃了炸猪排。这家店的氛围十分独特。店里很宽敞，桌子上铺着雪白的桌布。店员都是西装革履的中年人，脸上一律带着英国管家一般的微笑。搞得我莫名其妙地拘谨起来，直到旁边一桌坐下四个穿着工人制服的男性顾客，豪放地大口喝着冰啤酒，我才反应过来，这里并不是豪华的西餐厅啊。当然店家也提供看起来非常高级的石垣岛黑毛猪肉做的炸猪排，但是也有价格便宜且份量十足的炸猪排，味道丝毫不打折扣，好吃到让我觉得即便买不到球票也不虚此行了。

从小巷里穿出，走上青山大街，在经过外苑前地铁站之后，路上就可以看到穿着棒球服带着棒球帽的球迷了。比赛的氛围突然

比赛日下午的明治神宫野球场。养乐多燕子队竟然有这么多球迷。

不必担心不懂比赛规则或是比赛太无聊，光是开场前的呐喊助威以及燕子队吉祥物燕九郎的表演就足以让人血脉喷张。

降临，我的心情也跟着莫名其妙地激动起来。

我是 Yakult Swallows 棒球队的球迷，常去神宫球场。球场相当不错，和后乐园的不一样，四周绿树成荫，感觉上得以远离鸡飞狗咬的日常生活，慢慢悠悠看一场棒球赛。

那年我住在离神宫球场走路五分钟远的地方，天天都去看球。每当日落天黑、灯火通明、鼓声阵阵传来，我就再也按捺不住，扔下工作跑去神宫。

如村上君在《村上朝日堂·三十年一次》中写的一样，神宫球场确实有种神奇的吸引力。

在球场售票窗口轻而易举地买到了外场票，容易得难以置信。虽然还没有进入球场，我已经被热闹的气氛搞得晕乎乎的。到处都是穿着燕子队白色条纹队服或画有燕子队吉祥物图案的蓝色 T 恤。我险些也掏钱买一件燕子队的 T 恤穿在身上，因为衣服质地太厚才作罢。

在场外折腾了好一会，才想到差不多应该要进场了。进去一看更是吓了一大跳，外场竟然早已密密麻麻地坐满了人，而且清一色是燕子队的球迷。每人手里都拿着进场检票时发的充气球棒，击打出砰砰的声音，心脏都要跟着震颤起来。

顺便一提，充气球棒是粉色的，如果是女性还会发给一张宣传单，上面有燕子队球员的写真，意在拉拢女性球迷。

这时我才明白为什么能够轻易地买到外场票，因为球票根本就是超卖的。许多没有找到座位的人就坐在过道上或者干脆在走廊里看电视直播。我也只好勉强挤在过道旁边，根本没有椅子。许多人大概没吃午饭就来这里抢占好位子，现在正趁着开场前的时间吃便当或是球场里售卖的香肠和薯条。

这里根本就不是村上所说的那个神宫球场啊！《村上朝日堂·再谈神宫球场》中明明是这样写的：

世上最凄凉的行为是什么？就是十月初秋雨飘零的夜晚，同文艺刊物编辑两人去神宫球场边吃柿籽谈工作边看养乐多燕子队对中日队的预赛。

我尝试过一次，再没有比这个更凄凉的了。

别说凄凉了，一眼望去，到处都是密密麻麻的人头，完全不可能像村上君一样悠哉地躺在外场的草地上边喝啤酒边看比赛嘛！

不过能看到什么样的比赛我倒不是很在意。反正我对棒球比赛也一窍不通，场上的球员也一个都不认识。然而仅仅是坐下来观看开场前的表演，听着大家为燕子队加油打气，也称得上是十分有趣的体验。

燕子队的吉祥物叫燕九郎，是一只脸颊红红的胖小鸟，头戴写有 YS（Yakult Swallow）字样的蓝色棒球帽。虽然胸前明确写着“Swallow”，但与其说像燕子不如说更像企鹅。在开场前，燕九郎会出现在球场上，带着啦啦队一起跳舞。不知道是因为燕九郎还是穿着迷你裙的拉拉队员，总之音乐一响，起大家就兴奋异常。不知道在何处有人咚咚地敲着鼓，大家配合着节奏敲击手中的充气球棒，齐声高唱燕子队的应援歌。即便听不懂日语，眼前的景象也足以让人感到震撼。

虽然和想象中的神宫球场不一样，我还是在比赛没开始的时候就被这种独特的氛围迷住了。怪不得村上说，只要听到球场传来的阵阵鼓声，就忍不住扔下工作跑到球场去。

村上君不就是因为喜欢神宫球场才决定支持燕子队的吗？他自己在《村上广播 · 粗卷寿司和棒球场》中是这样说的：

我十八岁那年作为大学新生来到东京。自那以来一直都是“养乐多”棒球队的铁杆支持者。当时名叫“产经原子”，弱得不堪一击。总是倒数第一，顶多第四、第五。若问何苦声援这么弱的队，说痛快些，是因为喜欢神宫球场。喜欢球场，喜欢球场周围的环境，结果就喜欢上了（现在的）“养乐多”。当然，反“巨人”这一因素也是有的，但主要原因是“养乐多”的比赛结果大多窝囊透顶，看得我时常在外场席草坪上落泪。

从所有村上作品中得到的印象，燕子队一直是常年垫底的弱队。尽管如此，当我真正来到神宫球场之后，我还是义无反顾地决定加入燕子队球迷的行列。

笑容甜美，正努力工作着的啤酒妹。充满青春气息的啤酒妹是神宫球场不可或缺的靓丽风景。

可惜我对棒球比赛的规则一头雾水，又听不懂场内的解说，只能根据燕子队球迷的反应来判断比赛的进程。燕子队的球迷也十分尽责地为每一次击出的好球鼓掌。如果是已经跑上二垒即将得分，大家就群情激昂地举起充气球棒齐声呐喊，一般是喊投手或是内野手的名字。反之如果是击出的球被巨人队拦截成功，或是巨人队击出好球，大家则保持一种奇妙的安静，竟然连一点嘘声都没有。

就这样，大概过了两三局，我已经能够多少明白棒球比赛是怎么一回事了。不过一场比赛要打满九局，要一直保持注意力还是有点困难的。前几局里两队都没有得分，棒球本身又不像篮球或足球一样时刻都处于令人紧张的运动战，我的注意力很快就被穿梭在观众席之间的啤酒妹所吸引。她们身穿印有啤酒厂商名字的球队 T 恤和超短裙，戴着遮阳帽，将啤酒桶放在双肩包里背在身后，胸前还要挂上放有塑料杯和零钱箱的盒子。怎么看都是十分考验体力的辛苦工作。她们却能够行动敏捷地在人群之间来回走动，及时回应每一个想要喝啤酒的球迷的呼唤。不仅如此，还要以半跪的姿势在杯中注入啤酒，再迅速完成收钱和找零钱的工作。在炎热的夏天里，每个人脸上都闪耀着汗水。换句话说，洋溢着令人羡慕的青春活力。

我也叫住一名经过我身边的惠比寿啤酒妹，要了一杯啤酒。她娴熟地用连接在背后酒桶上的管子在塑料杯里注入啤酒，手法非常漂亮，啤酒稳稳地停在塑料杯口的下缘，带着高约三公分的雪白泡沫。

我终于得以在神宫球场大口啜饮冰凉的啤酒，仰望头顶缓缓移动的大团大团的云朵。唯一的区别是身边没有草坪，而是几千个激情满满并且动作惊人一致的燕子队球迷。

入场时，云朵只是静静地悬浮在天边，灼热的阳光十分刺眼。不知道什么时候，云渐渐铺满了蓝色的天空，风正推动着更多的云从天边滚过来。

会不会发生什么命运般的邂逅呢？我边喝着啤酒边如此不着边际地想着。

然而什么都没有，唯有燕子队球迷突然爆发出山呼海啸般的欢呼声。

没想到首先得分的是燕子队。

大家不知道从什么地方迅速拿出一把一把彩色的透明小雨伞，齐刷刷地将伞撑开，有节奏地上下挥动着。伴随着应援歌的歌声，这种独特的庆祝方式似乎带上了一种神圣的仪式感，场面相当令人动容，我仿佛能感到作为燕子队球迷的强烈幸福感。

不过这种欢庆的气氛没有持续多久，很快巨人队就以一记全垒打一次得到三分，将比分反超。

远处看台上穿着橙色衣服的巨人队球迷开始了他们的狂欢。周围的燕子队球迷则不约而同地陷入了沉默。

到底还是弱小的燕子队啊，应该没有办法再次反超比分了吧。我不由得这样想。

进球的瞬间。飘着白色云朵的天空上并没有什么东西落下来，大家却不约而同地举起了透明的花雨伞。

这也没什么不好，我多少可以借此体会村上君在《村上广播·粗卷寿司和棒球场》中描述的心情。

前些日子看了一本医学书，上面写道："自己偏向的体育队胜了以后，体内会更多地分泌出使人充满活力的某种分泌物"，为之吃了一惊。那么就是说，统计这三十二年来的胜球比率，同声援"养乐多"相比，声援"巨人"将会使我渡过非常充实的人生。事情是有些凄惨。不过眼下跟我说这个也没用了。我恨不得大声喊叫：喂，还我人生，还我宝贵的分泌物！

没成想又过了两局，燕子队竟然追回了一分，接着干脆一鼓作气，借助山田选手的全垒打将比分反超为五比三。

这下燕子队的球迷总算扬眉吐气，彩色的小雨伞频频被举起，呼喊山田选手名字的声音也以山呼海啸般的气势传来。有好长一段时间，我都无法将注意力集中在比赛上，只是目瞪口呆地看着球迷们交替地进行各种庆祝活动：击打充气球棒，举小雨伞，唱应援歌，齐声高喊"Yamada！ Yamada！（山田！山田！）"。

九局全部结束之后，吉祥物燕九郎再次登场，载歌载舞地欢庆胜利。山田选手自然被评为了本场的最佳球员，其他队员们也跑到内场的观众席前面对球迷的支持表示感谢。

还好决定做燕子队的支持者啊！在那一刻，我不由得这样想。

亲眼目睹这样的场面，我的血管里似乎真的涌出了宝贵的分泌物，那种能够让我暂时忘记自己和神宫球场漂亮啤酒妹之间年龄差距的分泌物。

从热闹的神宫球场出来，简直如同进入了另一个世界。那是紧邻神宫外苑的慢跑道。道路两旁种着笔直的树木，十分安静。不远处的草坪上，一群小学生模样的孩子在打练习赛。

下午五点多钟刚好是跑步的好时机，很快就有几个跑步的人经过。黝黑的皮肤，清晰的肌肉，坚毅而专注的眼神，一看就是长期在此练习的专业跑者。

虽然明明知道，就算在跑步小说家跑过步的慢跑道上跑步，也不可能成为跑步小说家，我还是忍不住趁没人的时候在慢跑道上试着跑了几步。

在东京时，大体是去神宫外苑跑步。那是神宫球场旁边的环形慢跑道，跟纽约的中央公园当然无法比，不过在东京的闹市中心，却是甚为少见的绿意盎然的地段。这条慢跑道我长年累月地跑惯了，连细微之处都铭刻在脑子里。哪儿有坑、哪儿有洼都记得一清二楚。对于需要时时意识到距离的练习，这儿最合适不过。问题是这一带交通量很大，在某些时间行人也很多，空气不太干净。不过在东京的正中心，不可奢求。况且它就在住所附近，仅此一点就该谢天谢地。

神宫外苑跑一圈是一千三百二十五米，每隔一百米路面上就刻有标志，跑起来十分方便。当我决定要每公里跑五分半或是五分，甚或四分半，就使用这条慢跑道。

在那一刻，我突然想起，我完全将自己来神宫球场准备做的一件最重要的事情抛在脑后。在山田选手打出全垒打的那一刻，我应该仔细地凝视天空啊。万一真有什么东西从天空飘落下来呢？

如果我也好好地伸出双手，让它落在我的掌心，说不定我也能够成为小说家啊。

然而仔细想一想，我明明是通过身边燕子队球迷的欢呼才知道山田选手打出了全垒打的。等我反应过来的时候，恐怕即便有什么东西，也早已消失无踪了。

看来，我注定是与命运的邂逅无缘了。

话说回来，只是偶然看了一场燕子队的比赛，还是对阵常胜的巨人队，竟然就见证了燕子队波澜壮阔的胜利，也算是某种命运的安排吧。我唯有这样安慰自己。

万万没想到的是，从东京回来后的某一天，我偶然读到一则新闻，养乐多燕子队竟然获得了当年职棒联赛中央联盟的冠军。实在让我大吃一惊。上网搜索一下，明明去年和前年还是排名垫底的球队啊。

虽然燕子队后来在日本系列赛里惜败，与总冠军无缘，但在我心里，那一年的燕子队简直堪比村上君提到的一九七八年夺得总冠军的燕子队。

那年秋天，常败之将养乐多燕子队居然获得联赛冠军，进入总决赛，并且击败了阪急勇者队，勇夺全国总冠军。我紧张难捺，几度前去举行总决赛的后乐园球场观战——养乐多燕子队不曾预料真会夺冠，竟然将主场神宫球场的使用权转让给了六大学棒球联盟。那年秋天的事情我记忆犹新。晴好的天气日复一日，真是个美丽的秋季。天空澄澈高远，绘画馆前夹道成排的银杏树，比历年更显鲜艳明丽，闪耀着金色的光泽。对我来说，那是人生二十年代的最后一个秋天。

神宫球场·神宫外苑旅行 Tips

距离神宫球场最近的地铁站是东京地铁银座线的外苑前站，也有不少球迷是乘坐 JR 中央线到信浓町，穿越神宫外苑到达球场的。神宫球场的全称是明治神宫野球场，是养乐多燕子队的主场，在燕子队网站上可以查到比赛的信息。不过不是会员的话很难预订球票，可以直接去球场现场购票，如果不是特别热门的比赛都能买到票。外野自由席的球票最便宜，只要一千六百日元，不过最好提前进去占座位。球场里可以自带食物和饮料，但是还是推荐体验一下球场出售的新鲜生啤，啤酒妹身上的酒桶会注明不同啤酒品牌，只要在她们经过时挥手示意就可以了。

神宫外苑算是一个大型的公园，由环形步道圈起来的部分包括圣德纪念绘画馆，神宫外苑棒球练习场，以及一个五人制足球场。步道上有不少跑步、散步或者遛狗的东京市民，其中不乏专业的跑步练习者。如果住在附近，不妨带上跑鞋来跑跑看啊。

作为 Yakult 球迷来说，再没有比一九七八年赛季更让人畅快淋漓的了。村上君对这个赛季念念不忘，在《村上朝日堂 · 三十年一次》里也提到过这个赛季。

说起来，那年 Yakult 打得实在痛快。船田迎战巨人队打的最后一个本垒打、希尔顿的一垒前扑滑垒、决赛场上战松冈那个强有力的投球以及打进后乐园外场席最上边的本垒打至今仍历历在目，每次想起心底都一点一点涌起幸福感。

声援三十年间仅夺冠一次的球队，可以像咀嚼鱿鱼干一样把这仅有一次的胜利玩味十年之久。

那时，距离我在东京短暂的旅行已有数月之久。然而回忆起神宫球场的那个下午，燕子队的应援歌和"Yamada！ Yamada！"的呐喊声仿佛还回荡在耳边。

追随着村上君来一次东京之旅，也犹如咀嚼鱿鱼干一样，足以带来长久的幸福回忆。

引文出处

村上春树《当我谈跑步时我谈些什么》，南海出版公司，施小炜译。
村上春树《村上朝日堂》，上海译文出版社，林少华译。
村上春树《村上广播》，上海译文出版社，林少华译。